D1828202

Bon appétit!

Kochen auf Französisch

Sprachtraining und Rezepte

Marc Blancher

compact

Bisher sind in dieser Reihe erschienen:

- Kochen auf Englisch
- Kochen auf Französisch
- Kochen auf Italienisch
- Kochen auf Spanisch

Baierbrunner Straße 27, 81379 München
Ausgabe 2013
2. Auflage

Chefredaktion: Dr. Matthias Feldbaum
Redaktion: Marie Frey
Fachkorrektur: Rosemary Luksch
Produktion: Frank Speicher
Abbildungen: siehe Bildnachweis S. 95
Titelabbildung: www.istock.com, robynmac
Gestaltung: X-Design, München
Umschlaggestaltung: X-Design, München

ISBN 978-3-8174-9219-0
381749219/2

www.compactverlag.de

Vorwort

Bon appétit! Kochen auf Französisch ist Rezeptsammlung und Sprachtraining in einem: 20 bekannte französische Gerichte zum Nachkochen sowie zahlreiche Übungen laden Sie dazu ein, mit Spaß und Genuss Ihre Sprachkenntnisse aufzufrischen.

Die feine Küche Frankreichs ist facettenreich und bietet für jeden Geschmack eine reiche Auswahl: Von den Entrées wie der *Soupe à l'oignon* oder den *Bouchées à la reine* über vielfältige Fleisch- und Fischgerichte oder vegetarische Speisen wie dem *Gratin dauphinois* oder dem *Ratatouille* bis hin zu exquisiten Desserts: Französisches Essen ist einfach zuzubereiten, sieht köstlich aus und schmeckt hervorragend.

Im Anschluss an jedes Rezept können Sie anhand von abwechslungsreichen Sprachübungen Ihre Französischkenntnisse mühelos vertiefen. Unbekanntes Vokabular wird direkt auf der Rezeptseite übersetzt und kann so auf einen Blick erfasst werden. Zusätzlich bieten Ihnen Infokästen kreative Zubereitungsvarianten oder Wissenswertes zu Sprache und Landeskunde. Am Ende des Buches finden Sie ein alphabetisches Glossar, in dem Sie alle Vokabeln noch einmal nachschlagen können, sowie die Lösungen zu den Übungen.

Viel Spaß beim Kochen auf Französisch und *bon appétit!*

Contenu

Hors d'œuvre / Entrées

Frankreich verfügt über eine ausgeprägte und äußerst gepflegte Esskultur. Man isst dreimal am Tag, oft sogar dreimal warm. Die Esskultur als Kunst des Essens und Kochens wird in Frankreich sehr hochgehalten – und das fängt schon bei der Vorspeise an …

Ein Mittagessen im Restaurant beginnt mit einer Vorspeise. In der klassischen Menü-Abfolge entspricht das *hors d'œuvre* dem Gericht, das vor der Hauptspeise, dem *plat principal*, serviert wird. Diesem kann eine Suppe folgen, nach der wiederum eine *entrée* (*froide* oder *chaude*) serviert wird. Heutzutage ist die Menü-Abfolge jedoch vereinfacht und es wird meist nicht mehr zwischen *hors d'œuvre* und *entrée* unterschieden.

Soupe à l'oignon

Die **Soupe à l'oignon** (Zwiebelsuppe) gehört zu den beliebtesten Suppen in Frankreich. Sie kann sowohl als Vorspeise als auch nach dem Hauptgericht serviert werden und wird meist mit geröstetem Brot gegessen. Bei der Pariser Variante werden mit Käse bestreute Brotscheiben in die Suppenteller gelegt und alles abschließend im Ofen überbacken.

Préparation : 20 minutes **Cuisson :** 10 + 50 + 8 minutes **Pour 4 personnes**

Ingrédients :

- 1 kg d'oignons
- 50 g de beurre
- 10 cl de vin blanc sec
- 1 litre de bouillon de légumes
- 4 tranches de pain blanc
- 4 tranches de gruyère
- 1 gousse d'ail
- thym
- laurier
- sel
- poivre

1 Épluchez et coupez les oignons.

2 Faites cuire les oignons 10 minutes à la poêle avec du beurre. Ils doivent être vitreux.

3 Ajoutez le vin blanc et diminuez la flamme.

4 Ajoutez le bouillon de légumes, le sel, le thym, le laurier et la gousse d'ail.

5 Faites cuire pendant 50 minutes dans une casserole.

6 Faites gratiner des tranches de pain blanc avec du fromage au four environ 8 minutes à 180 degrés.

7 Poivrez. Vous pouvez maintenant servir avec les tranches de pain. Bon appétit !

Vive les mariés !

Dans certaines régions de France, la soupe à l'oignon est servie aux invités lors d'une soirée de mariage vers cinq heures du matin, il s'agit d'une tradition aussi importante que le mariage lui-même !

ajouter	hinzufügen	gruyère *m*	Greyerzer
bouillon *m* de légumes	Gemüsebrühe	laurier *m*	Lorbeer
diminuer *m*	vermindern	oignon *m*	Zwiebel
éplucher	häuten, pellen	poêle *f*	Pfanne
faire *irr* cuire	kochen	thym *m*	Thymian
faire *irr* gratiner	überbacken	tranche *f*	Scheibe
gousse *f* d'ail	Knoblauchzehe	vitreux	glasig

Exercice 1 :

Que faire de ces ingrédients ? Ergänzen Sie die Zutaten in den folgenden Sätzen!

Les oignons Le four Le poivre Le beurre Le fromage La soupe

1. .... sont passés à la poêle.
2. .... est mis dans la poêle.
3. .... est faite avec du bouillon de légumes.
4. .... est ajouté en dernier.
5. .... est chauffé à 180 degrés.
6. .... est posé sur les tranches de pain.

Exercice 2 :

Les verbes. Übersetzen Sie die Verben in Klammern und konjugieren Sie sie richtig!

1. Vous (häuten) .... les oignons.
2. Nous (hinzufügen) .... du vin blanc.
3. On (servieren) .... avec du pain blanc.
4. Ils (pfeffern) .... la soupe.

Exercice 3 :

Définitions. Finden Sie den jeweils entsprechenden Begriff im vorhergehenden Rezept!

1. Ce que l'on fait avec un couteau : ....
2. Mettre quelque chose en plus : ....
3. Ce que produit le feu : ....
4. Le substantif du verbe *cuire* : ....

Exercice 4 :

Complétez. Ergänzen Sie die Sätze!

1. La soupe à l'oignon se mange souvent / rarement en France.
2. Les Français la préparent avec du vin rouge / vin blanc.
3. Vous passez les oignons à la poêle / dans une casserole.
4. La soupe à l'oignon se mange avec des légumes / du pain.
5. On fait cuire la soupe pendant 50 minutes au four / dans une casserole.

Exercice 5 :

Combinez. Welche der folgenden Begriffe gehören zusammen? Ordnen Sie zu!

1. ☐ un oignon	a) vert
2. ☐ une tomate	b) blanc
3. ☐ un ail	c) rouge
4. ☐ le laurier	d) marron
5. ☐ le vin	e) jaune
6. ☐ le beurre	f) bordeaux

Exercice 6 :

Les légumes. Finden Sie die französischen Begriffe für die folgenden Gemüsesorten!

1. .... 

2. .... 

3. .... 

4. .... 

Bouchées à la reine

Die Bouchées **à la reine** (deutsch: *Königin-Pastetchen*) stehen oft auf den Speisekarten französischer Restaurants. Am häufigsten werden sie mit Pommes frites und Salat serviert. Die Blätterteig-Pasteten sind mit einer herzhaften Sauce gefüllt. Statt dem in diesem Rezept verwendeten Thunfisch (aus nachhaltiger Fischerei) kann man die Pastetchen auch mit Klößchen, Brieschen oder Ragout füllen.

Préparation : 30 minutes **Cuisson :** 15 + 10 minutes **Pour 6 personnes**

Ingrédients :

- 1 boîte de 6 bouchées prêtes à garnir
- 350 g de thon de pêche durable
- 150 g de champignons de Paris
- 200 g de crème fraîche
- 5 cl de vin blanc
- 50 g de gruyère
- sel
- poivre
- muscade

1 Mélangez le thon, la crème fraîche, les champignons et le vin.

2 Râpez et ajoutez le gruyère.

3 Faites chauffer 15 minutes à feu doux.

4 Salez, poivrez et ajoutez la muscade hors du feu.

5 Enlevez le chapeau des bouchées, creusez-les un petit peu si nécessaire et réchauffez-les 10 minutes au four dans un plat à 150 degrés.

6 Versez maintenant la garniture dans les bouchées et servez-les aussitôt avec de la salade. Bon appétit !

Un petit peu d'histoire...

On pense que c'est la reine Marie Leczinska, la femme du roi Louis XV, roi français du XVIIIe siècle, qui serait à l'origine de la création de la recette de la bouchée à la reine, également appelée « vol-au-vent ».

à feu doux	auf kleiner Flamme
bouchée *f*	Happen, Mundvoll; *hier:* Pastetchen
chapeau *m*	*hier:* Deckel
creuser	aushöhlen
enlever	entfernen
faire *irr* chauffer	erhitzen
four	im Backofen
gruyère *m*	Greyerzer
hors du feu	weg von der Flamme
pêche *f* durable	nachhaltige Fischerei
râper	reiben
réchauffer	wieder erhitzen
thon *m*	Thunfisch
verser	(ein)gießen

Exercice 1 :

Vrai ou faux ? Welche Aussagen sind korrekt? Markieren Sie mit richtig ✓ oder falsch – !

1. Les bouchées à la reine sont fréquentes au restaurant en France. ❑
2. Les bouchées à la reine ont un couvercle. ❑
3. Les bouchées à la reine se préparent avec du vin. ❑
4. Les bouchées à la reine ont été inventées au XXe siècle. ❑

Exercice 2 :

Conjugaison. Setzen Sie die Verbformen ins Futur!

1. obtenir vous ....
2. mettre nous ....
3. déposer ils ....
4. faire vous ....

Exercice 3 :

Faire les courses. Übersetzen Sie den Einkaufszettel!

1. Eine Flasche Weißwein: ....
2. Fünfzig Gramm Greyerzer: ....
3. Sechs Fertigpastetchen: ....
4. Eine Dose Thunfisch: ....

Exercice 4 :

Démêlez les phrases. Bilden Sie sinnvolle Sätze!

1. muscade ajoutez hors feu du la

   ....

2. bouchées dans la maintenant préparation versez les

   ....

   ....

3. à chauffer faites doux feu

   ....

4. chapeau des enlevez le bouchées

   ....

5. peut des prêtes acheter on à garnir bouchées

   ....

6. pour dîner l'entrée bon c'est parfaite un français

   ....

Exercice 5 :

Combinez. Welche der folgenden Begriffe gehören zusammen? Ordnen Sie zu!

1. ☐ ajouter	a) les oignons
2. ☐ feu	b) les bouchées
3. ☐ servir	c) quelque chose
4. ☐ éplucher	d) doux
5. ☐ acheter	e) la garniture
6. ☐ choisir	f) les ingrédients

Salade niçoise

Die Salade niçoise (deutsch: Nizza-Salat) ist ein provenzalisches Gericht, das vor allem als Vorspeise serviert wird. Die Zubereitung kann nach Belieben variiert werden, was den Salat immer abwechslungsreich macht. Im Frühling und Sommer eignet er sich dank der reichhaltigen Zutaten auch als leichte, aber sättigende Hauptspeise.

Préparation : 15 + 10 minutes **Pour 4 personnes**

Ingrédients :

- 2 œufs
- 2 cuillères à soupe d'olives noires
- 1 cuillère à soupe de vinaigre de vin
- 2 cuillères à soupe d'huile
- 1 cuillère à soupe de persil
- 1 cuillère à soupe de câpres
- 10 filets d'anchois
- 8–10 feuilles de salade verte
- 1 gousse d'ail
- 6 tomates
- poivre
- sel

1 Faites cuire les œufs durs pendant 10 minutes, passez-les sous l'eau froide et écalez-les.

2 Coupez les feuilles de salade et les tomates en morceaux.

3 Coupez l'oignon en fines lamelles.

4 Mettez les anchois sur un papier absorbant.

5 Versez dans un grand saladier la salade, les tomates et les oignons.

6 Préparez une vinaigrette en mélangeant le vinaigre de vin, l'huile, le persil, du poivre et du sel avec une cuillère à soupe d'eau.

7 Ajoutez les anchois et arrosez le tout de vinaigrette.

8 Ajoutez l'ail coupé en très petits morceaux, les olives et les câpres. Votre salade niçoise est prête à servir. Bon appétit !

Connaissez-vous Nice ?

Comme son nom l'indique, la salade niçoise est une spécialité culinaire de Nice. Elle doit son nom à cette célèbre ville du sud-est de la France, française depuis seulement 1860 !

absorbant	saugfähig
ajouter	hinzufügen
anchois *m*	Sardelle
arroser	*hier:* über etwas gießen
câpre *f*	Kaper
écaler	schälen
faire *irr* cuire	kochen
gousse *f* d'ail	Knoblauchzehe
lamelle *f*	Streifen
mélanger	vermengen
œuf *m* dur	hartgekochtes Ei
oignon *m*	Zwiebel
persil *m*	Petersilie
salade *f* niçoise	Nizza-Salat
saladier *m*	Salatschüssel
verser	(ein)gießen
vinaigre *m* de vin	Weinessig

Exercice 1 :

Vrai ou faux ? Welche Aussagen sind korrekt? Markieren Sie mit richtig ✓ oder falsch – !

1. Il y a de l'alcool dans la salade niçoise. ❑
2. La salade niçoise se prépare avec des œufs. ❑
3. Il n'y a qu'une recette de salade niçoise. ❑
4. La salade niçoise doit son nom à la ville de Nice. ❑

Exercice 2 :

Boissons. Ordnen Sie die folgenden Getränke richtig zu!

jus d'orange   rhum   soda   pastis   bière   jus de pomme
vin rouge   cidre   calvados   tisane   limonade   amaretto

 Boissons alcoolisées	 Boissons non alcoolisées
....	....
....	....
....	....
....	....
....	....
....	....

Exercice 3 :

Prépositions. Vervollständigen Sie die folgenden Sätze mit der jeweils richtigen Präposition!

1. La salade niçoise se prépare avec une cuillère à soupe .... persil.

2. On la prépare .... la main.

3. Elle contient beaucoup .... légumes.

4. Elle est également faite .... des œufs durs.

Exercice 4 :

Répondez. Kreuzen Sie jeweils die richtige Antwort an!

1. La salade niçoise est une salade...
- a) ❑ de pommes de terre.
- b) ❑ de tomates.
- c) ❑ composée.

2. Les œufs y sont préparés...
- a) ❑ au plat.
- b) ❑ durs.
- c) ❑ à la coque.

3. On y ajoute...
- a) ❑ du vin.
- b) ❑ de l'oignon.
- c) ❑ du cidre.

4. La salade niçoise est accompagnée d'une sauce...
- a) ❑ vinaigrette.
- b) ❑ béchamel.
- c) ❑ moutarde.

Exercice 5 :

Contraires. Finden Sie die Gegenteile zu den folgenden Verben!

1. sécher ....

2. enlever ....

3. penser ....

4. séparer ....

Salade au chèvre chaud

Die Franzosen essen sehr gerne Käse und damit verfeinern sie auch ihren Salat. Der gegrillte Ziegenkäse verleiht dem Gericht einen ganz besonderen Geschmack und macht den Salat nicht nur sehr lecker, sondern auch nahrhaft.

Préparation : 20 minutes **Cuisson :** 15 + 10 minutes **Pour 4 personnes**

Ingrédients :

- 4 tranches de pain de campagne
- 4 fromages de chèvre
- 100 g de lardons
- 1 salade verte
- 4 tomates
- 2 poivrons rouges
- 1 gousse d'ail
- huile d'olive
- basilic

Le saviez-vous ?

« Comment voulez-vous gouverner un pays où il existe 246 sortes de fromages ? ». a dit le général de Gaulle. La qualité du fromage est une préoccupation essentielle en France. Les meilleurs fromages sont labellisés et bénéficient d'une Appellation d'Origine Contrôlée (AOC).

1 Frottez les quatre tranches de pain de campagne avec la gousse d'ail.

2 Coupez les fromages en deux dans le sens de la largeur et posez-en une moitié sur chaque tranche de pain.

3 Mettez les tranches de pain recouvertes de fromage sur la plaque de votre four avec du papier cuisson puis arrosez-les d'huile d'olive et de basilic. Faites cuire le tout environ 15 minutes à 180 degrés.

4 Parallèlement, lavez la salade et mettez quelques feuilles dans chaque assiette.

5 Faites cuire les lardons sans ajouter de matière grasse. Mettez-les ensuite sur la salade.

6 Coupez les poivrons en huit tranches et faites-les cuire dans de l'huile d'olive jusqu'à ce qu'ils soient fondants. Mettez ensuite quatre tranches de poivron sur chaque assiette.

7 Préparez une sauce pour la salade et déposez les toasts de chèvre chaud sur les assiettes. Pour finir, saupoudrez de basilic. Votre salade est prête. Bon appétit !

ajouter	hinzufügen	labellisé	mit einem Label versehen
arroser	*hier:* in etwas gießen		
Appellation *f* d'Origine Contrôlée (AOC)	Bezeichnung für eine kontrollierte Herkunft	lardon *m*	Speck-(Würfel)
		largeur *f*	Breite
chèvre *f*	Ziege; Ziegenkäse	matière *f* grasse	Backfett
couper	schneiden	papier *m* cuisson	Backpapier
faire *irr* cuire	kochen	plaque *f*	Backblech
fondant	schmelzend	poivron *m*	Paprika
four *m*	Backofen	préoccupation *f*	Sorge
fromage *m* de chèvre	Ziegenkäse	recouvrir	bedecken
frotter	einreiben	saupoudrer	bestreuen
gousse *f* d'ail	Knoblauchzehe	tranche *f*	Scheibe

Exercice 1 :

Démêlez les mots. Bringen Sie die Buchstaben in die richtige Reihenfolge!

1. lraodn ....
2. eviol ....
3. ronproiv ....
4. vècehr ....

Exercice 2 :

Vrai ou faux ? Welche Aussagen sind korrekt? Markieren Sie mit richtig ✓ oder falsch – !

1. Le chèvre chaud est un fromage de mouton. ❑
2. La France contrôle la qualité de ses fromages. ❑
3. La salade au chèvre chaud se mange avec des pommes de terre. ❑
4. La chèvre est une sorte de vache. ❑

Exercice 3 :

Subjonctif. Setzen Sie die folgenden Verbformen in den Subjonctif Präsens der zweiten Person Plural!

Il faut que vous

1. mettre ....
2. verser ....
3. ajouter ....
4. saupoudrer ....
5. couper ....
6. servir ....

Les plats principaux

Die Agrarproduktion ist ein wichtiger wirtschaftlicher Faktor in Frankreich und macht damit auch einen erheblichen Teil der französischen Identität aus. Jede Region hat ihre eigene Spezialität. So spielt zum Beispiel im Burgund die Produktion von Rindfleisch eine bedeutende Rolle, während in der Bretagne eher Schweinefleisch erzeugt wird. In der Normandie steht hingegen die Milchproduktion im Vordergrund.

Viele typische französische Gerichte sind fleischhaltig, so zum Beispiel der berühmte *Coq au vin* oder der *Rôti de porc*. Oft werden je nach Region die Saucen oder Beilagen variiert. Französische Hauptgerichte sind meistens großzügig bemessen und man lässt sich beim Essen in der Regel viel Zeit. Neben Vorspeise und Hauptgericht gehören zu einem guten französischen Mittagessen nicht zuletzt ein Aperitif, eine Käseplatte, ein Dessert ... und zum Abschluss noch ein Kaffee ...

Bœuf bourguignon

Das **Bœuf** bourguignon (Rindfleisch nach Burgunder Art), oft mit Karotten, Kartoffeln, Pilzen, Speck, Zwiebeln oder Nudeln serviert, gilt als eines der beliebtesten Gerichte der Franzosen. Die Bourgogne ist nicht nur bekannt für ihre Weinbaugebiete, sondern auch für die Rinderrasse Charolais. Das Boeuf **bourguignon** vereint beides zu einem schmackhaften französischen Essen.

Préparation : 30 minutes **Cuisson :** 60 minutes **Pour 4 personnes**

Ingrédients :

- 650 g de bœuf à braiser ou de collier
- 1 demi-litre de vin rouge (de Bourgogne)
- 250 g de carottes
- 100 g de poitrine fumée en lardons
- 200 g de champignons de Paris
- 2 gros oignons
- 2 gousses d'ail
- 3 cuillères à soupe d'huile d'arachide
- 30 cl de bouillon de bœuf
- 1 peu de persil
- sel
- poivre

1 Coupez la viande en cubes et enlevez le gras si besoin.

2 Coupez l'ail et les oignons.

3 Épluchez les carottes puis coupez-les en rondelles épaisses.

4 Faites revenir dans l'huile d'arachide dans une cocotte-minute les carottes, les lardons, les oignons, l'ail, les champignons et la viande.

5 Ajoutez le vin et le bouillon ainsi que le sel et le poivre.

6 Couvrez la cocotte-minute et laissez mijoter pendant une demie heure à feu doux. Vous pouvez y ajouter un petit peu de persil. Votre bœuf bourguignon est prêt : il doit être servi bien chaud. Bon appétit !

LE SAVIEZ-VOUS ?

Plat classique du dimanche, le bœuf bourguignon doit son nom aux deux ingrédients principaux qui servent à sa préparation, c'est-à-dire le bœuf et le vin rouge… de Bourgogne bien sûr !

à feu doux	auf kleiner Flamme	**éplucher**	schälen
ail *m*, **aulx** *m pl*	Knoblauch	**faire** *irr* **revenir**	anbraten
ajouter	hinzufügen	**gousse** *f* **d'ail**	Knoblauchzehe
bœuf *m* **à braiser**	Rinderschmorbraten	**gras** *m*	Fett
bouillon *m*	*hier:* Kochwasser	**huile** *f* **d'arachide**	Erdnussöl
bourguignon	aus der Bourgogne	**lardon** *m*	Speck-(Würfel)
cocotte-minute *f*	Dampfkochtopf	**mijoter**	köcheln
collier *m*	Nacken	**persil** *m*	Petersilie
couvrir *irr*	decken	**poitrine** *f* **fumée**	geräucherte Rinder-brust
cube *m*	Würfel		
épais	dick	**rondelle** *f*	Scheibe

Exercice 1 :

Répondez. Kreuzen Sie jeweils die richtige Antwort an!

1. Le bœuf bourguignon est...

a) ❑ un plat originaire de Bourgogne.

b) ❑ un plat qui ne se trouve qu'en Bourgogne.

2. Il peut se préparer avec...

a) ❑ des oignons.

b) ❑ du fromage.

3. Comme huile, on utilise...

a) ❑ de l'huile de tournesol.

b) ❑ de l'huile d'arachide.

4. Une cocotte-minute est...

a) ❑ une petite souris.

b) ❑ un ustensile de cuisine.

Exercice 2 :

Démêlez les mots. Bringen Sie die Buchstaben in die richtige Reihenfolge!

1. onignrbgou ....

2. eobfu ....

3. pséiatélic ....

4. evreirn ....

Exercice 3 :

Mots cachés. In diesem Gitternetz sind sechs Begriffe versteckt, die im Rezept vorkommen. Welche sind es?

M	E	T	T	R	E	A	T	K	A
I	F	C	A	R	O	T	T	E	S
J	A	F	S	E	C	M	P	M	T
O	E	A	D	L	O	O	U	I	S
T	Q	S	F	L	C	M	I	N	A
E	S	U	L	A	O	O	D	C	E
R	C	I	K	H	T	H	E	E	L
D	E	U	O	A	T	D	F	R	O
S	S	M	O	U	E	F	R	E	D
P	N	U	P	E	R	R	A	I	L

Exercice 4 :

Traduisez. Übersetzen Sie die folgenden Begriffe im vorhergehenden Rezept und enträtseln Sie das Lösungswort!

1. köcheln ☐ _ _ _ _ _ _

2. heiß _ _ ☐ _ _

3. Wein _ _ ☐

4. Fett ☐ _ _ _

5. Fleisch _ _ _ _ _ ☐

6. Erdnuss _ ☐ _ _ _ _ _ _

Lösung: _ _ _ _ _ _

Couscous

Couscous ist ein Gericht, das die Nordafrikaner nach Frankreich gebracht haben. Dort ist es heute äußerst beliebt als sättigende und schmackhafte Speise, sowohl als Beilage als auch in zahlreichen Varianten als Vor- oder Hauptspeise.

Préparation : 40 minutes **Cuisson :** 40 minutes **Pour 4 personnes**

Ingrédients :

- 4 cuisses de poulet
- 400 g de gigot d'agneau (coupé en gros cubes)
- 500 g de bœuf bourguignon (coupé en gros cubes)
- 2 tomates
- 2 poivrons
- 1 aubergine
- 2 courgettes
- 2 carottes
- 1 oignon
- 1 gousse d'ail
- 1 morceau de blanc de poireau
- 1 kg de semoule de blé
- 1 boîte de pois chiches
- 5 cuillères à soupe d'huile d'olive

1 Faites rôtir la viande dans un peu d'huile d'olive puis couvrez les morceaux d'eau un peu chaude avant de les écumer. Faites-les cuire pendant 20 minutes.

2 Coupez les tomates, les poivrons, l'aubergine, les courgettes et les carottes en gros morceaux. Coupez l'oignon, la gousse d'ail et le blanc de poireau en morceaux très fins.

3 Mettez le tout dans un couscoussier, salez, poivrez et couvrez les légumes avec de l'eau. Mettez ensuite la viande et son jus dans le couscoussier avec les légumes. Couvrez et faites cuire pendant 20 minutes.

4 Faites bouillir un demi-litre d'eau salée avec environ une demi-cuillère de sel, mettez la semoule dans un saladier avec 5 cuillères d'huile d'olive avant de mélanger le tout. Recouvrez d'eau bouillante et laissez la semoule prendre toute l'eau. Séparez bien les grains avec deux fourchettes.

5 Mettez la semoule dans un panier à couscous et placer ce dernier sur le couscoussier. Couvrez. Videz les pois chiches dans le couscoussier avec les légumes et la viande.

6 Assaisonnez et laissez la vapeur du couscous imprégner la semoule. Votre Couscous est prêt. Servez chaud. Bon appétit !

assaisonner	würzen
blanc *m* **de poireau**	Lauchschnitt
bouillir	aufkochen
bourguignon	aus der Region Bourgogne
courgette *f*	Zucchini
couscoussier *m*	Couscous-Topf
couvrir *irr*	zudecken
cube *m*	Würfel
cuillère *f*	Löffel
cuisse *f* **de poulet**	Hähnchenschenkel
écumer	aufschäumen
faire *irr* **cuire**	kochen
faire *irr* **rôtir**	braten
gigot *m* **d'agneau**	Lammkeule
gousse *f* **d'ail**	Knoblauchzehe
grain *m*	Korn
imprégner	durchdringen, durchziehen
panier *m*	Garaufsatz
pois *m* **chiche**	Kichererbse
poivron *m*	Paprika
semoule *f* **de blé**	Weizengrieß
vapeur *f*	Dampf

Exercice 1 :

Que faire de ces ingrédients ? Ergänzen Sie die Zutaten in den folgenden Sätzen!

Les morceaux **Les poivrons** **La semoule** **La viande**

1. .... sont coupés en grosses rondelles.

2. .... est rôtie.

3. .... sont écumés.

4. .... est mise dans un saladier.

Exercice 2 :

Les verbes. Übersetzen Sie die Verben in Klammern und konjugieren Sie sie im Präsens!

1. Vous (decken) .... la cocotte-minute.

2. Nous (aufkochen) .... de l'eau.

3. On (durchziehen lassen) .... la semoule.

4. Ils (vorbereiten) .... le couscous pendant deux heures.

Exercice 3 :

Complétez. Ergänzen Sie die Sätze!

1. Le couscous est devenu un plat typique / typiquement en France.

2. Il se prépare en y ajoutant / ajouté de la semoule.

3. C'est la vapeur / la chaleur qui donne du goût à la semoule.

4. Le couscous est un plat sucré / salé .

Exercice 4 :

Le bon ordre. Stellen Sie die richtige Reihenfolge der Kochschritte wieder her!

- ☐ Mettre les restes au réfrigérateur.
- ☐ Vider les pois chiches dans le couscoussier.
- ☐ Faire rôtir la viande.
- ☐ Servir.
- ☐ Préparer la semoule.
- ☐ Mettre la semoule dans le panier.
- ☐ Couper les légumes.
- ☐ Faire cuire le poulet.

Exercice 5 :

Combinez. Welche der folgenden Begriffe gehören zusammen? Ordnen Sie zu!

1. ☐ le couteau	**a)** une grande casserole
2. ☐ le couscoussier	**b)** un ingrédient
3. ☐ la semoule	**c)** une étape
4. ☐ la cuisson	**d)** un ustensile
5. ☐ la vapeur	**e)** une façon de préparer
6. ☐ couper	**f)** un phénomène

Rôti de porc

Der Rôti de Porc (deutsch: Schweinebraten) ist in Frankreich das Familienessen par excellence und wird häufig mit Bohnen und Kartoffelbrei, aber je nach Belieben auch mit anderen Beilagen serviert. Hier sind Ihrer Fantasie keine Grenzen gesetzt.

Préparation : 30 minutes   Cuisson : 120 minutes   Pour 4 personnes

Ingrédients :

- 1 rôti de porc d'1 kilo
- 1 kilo de pommes de terre
- 800 g de haricots verts
- 180 g de beurre
- 1 oignon
- ½ litre de lait
- 2 dl de crème
- 3 cuillères à soupe de moutarde
- 1 grand verre de vin blanc sec
- thym
- laurier
- muscade
- poivre
- sel
- ail

1 Assaisonnez la viande de sel et de poivre et faites-y de petits trous pour y mettre des morceaux d'ail.

2 Faites la colorer dans du beurre et mettez-la à cuire au four avec l'oignon, du thym et du laurier.

3 Lorsqu'elle est cuite, enlevez la graisse et déglacez le tout avec le vin blanc. Ensuite, tamisez et enduisez le rôti de moutarde. Remettez sur le feu et laissez réduire quelques minutes avant d'ajouter la crème.

4 Nettoyez les haricots verts. Coupez-en les bouts et faites-les cuire dans de l'eau salée pendant environ 10 à 15 minutes à feux doux. Ensuite, faites-les revenir un petit peu dans un poêle avec du beurre.

5 Pour la purée, passez-les pommes de terre bien cuites (20 à 30 minutes) au moulin à légumes. Ajoutez le lait tiède et remuez bien. Ensuite, rajoutez la muscade et du sel.

6 Votre rôti de porc est prêt après 60 minutes de cuisson à 180 degrés. Bon appétit !

LE SAVIEZ-VOUS ?

Le rôti de porc est apparu pour la première fois au Québec, au XVIIe siècle, peu après l'importation des premiers porcs.

ail *m*, **aulx** *m pl*	Knoblauch	**laisser réduire**	einkochen lassen
ajouter	hinzufügen	**laurier** *m*	Lorbeer
assaisonner	würzen	**moulin** *m* **à légumes**	Passiersieb
au four	im Backofen	**moutarde** *f*	Senf
beurre *m*	Butter	**oignon** *m*	Zwiebel
cuillère *f*	Löffel	**porc** *m*	Schwein
déglacer	deglacieren	**remuer**	(um)rühren
enduire	bestreichen	**rôti** *m* **de porc**	Schweinebraten
enlever	entfernen	**tamiser**	absieben
faire *irr* **colorer**	*hier:* kräftig anbraten	**thym** *m*	Thymian
faire *irr* **revenir**	anbraten	**trou** *m*	Loch

Exercice 1 :

Les verbes. Übersetzen Sie die Verben in Klammern und konjugieren Sie sie im Präsens!

1. Elles (würzen) .... la viande.

2. Vous (deglacieren) .... la viande.

3. Tu (entfernen) .... la graisse.

4. Nous (hinzufügen) .... la sauce.

Exercice 2 :

Mots cachés. Finden Sie acht Zutaten im Gitternetz, die Sie für den Rôti de porc benötigen!

B	R	O	A	I	L	N	L	Q	Y
P	D	V	O	E	A	U	I	N	C
C	R	H	A	R	I	C	O	T	S
R	E	B	N	I	T	U	V	S	E
E	U	W	N	E	R	P	Q	E	L
M	I	Q	T	I	U	V	B	R	U
E	C	I	H	M	R	M	V	I	N
N	A	L	Y	P	I	C	F	L	N
I	L	M	M	U	S	C	A	D	E
E	S	B	E	R	U	W	P	N	I

1. ....

2. ....

3. ....

4. ....

5. ....

6. ....

7. ....

8. ....

Exercice 3 :

Démêlez les mots. Bringen Sie die Buchstaben in die richtige Reihenfolge!

1. inemtu ....

2. èrcem ....

3. gonino ....

4. ocrp ....

Exercice 4 :

Wortbildung. Bilden Sie die Gegensätze zu den folgenden Adjektiven!

réaliste irréaliste

1. possible ....

2. mangeable ....

3. faisable ....

4. réalisable ....

Exercice 5 :

Devinette. Finden Sie die gesuchten Begriffe und lösen Sie das Kreuzworträtsel!

Waagerecht:

1. Gros légume vert.

2. Ce qu'on peut faire avec le porc.

3. Action d'enlever la peau.

Senkrecht:

4. Verbe de « cuisson ».

5. Sert à donner du goût.

6. Avant de manger, il faut...

Sole meunière

Die **Sole meunière** (deutsch: Seezunge nach Müllerinart) ist ein Gericht aus der französischen Normandie, das sehr oft im Restaurant auf der Speisekarte steht. Es zählt zu den häufigsten Fischgerichten in Frankreich und kann mit Salzkartoffeln oder aber auch Reis serviert werden. Dazu passt zum Beispiel eine *Sauce hollandaise* oder eine *Sauce béchamel*.

Préparation : 10 minutes **Cuisson :** 40 minutes **Pour 4 personnes**

Ingrédients :

- 4 filets de **sole** d'environ 200 g chacun
- 1,5 kilos de pommes de terre
- 6 cuillères à soupe de beurre salé
- 120 g de **farine**
- 1 jus de citron
- sel
- poivre noir
- 10 **brins** de persil

Un plat royal

C'est au XVIIe siècle, à l'époque de Louis XIV, que la sole devient un **met** *royal. À partir de cette époque, elle devient un plat prestigieux, par exemple pour les grands chefs du XIXe siècle.*

1 **Enlevez** la peau noire des soles.

2 **Émincez** le **persil** et **assaisonnez** les filets de sole avec du sel et du poivre.

3 **Enfarinez** les soles.

4 **Faites fondre** 3 cuillères à soupe de beurre dans une **poêle**.

5 Mettez un filet de sole et **faites**-le **cuire** pendant 5 minutes de chaque côté.

6 Faites cuire les pommes de terre pendant 15 à 25 minutes dans de l'eau salée.

7 **Assaisonnez** les filets de sole de jus de citron et de **persil**.

8 Après avoir cuit tous les filets de sole, mettez le reste du beurre dans la poêle et placez-y les filets de sole pour les garder chauds.

9 Servez le tout avec une sauce à votre goût. Bon appétit !

assaisonner	würzen
brin *m*	Halm
émincer	in dünne Scheiben schneiden
enfariner	mit Mehl bestreuen
enlever	entfernen
faire *irr* **cuire**	kochen
faire *irr* **fondre**	schmelzen lassen
farine *f*	Mehl
met *m*	*hier:* Gericht
meunier *m*	Müller
persil *m*	Petersilie
poêle *f*	Pfanne
sole *f*	Seezunge

Exercice 1 :

Les verbes. Übersetzen Sie die Verben in Klammern und konjugieren Sie sie im Subjonctif!

Il faut que...

1. ...vous (entfernen) .... la peau noire des soles.

2. ...tu (würzen) .... avec du sel et du poivre.

3. ...ils (schmelzen lassen) .... du beurre.

4. ...nous (servieren) .... chaud.

Exercice 2 :

Prépositions et articles. Lesen Sie weiter und ergänzen Sie den Text mit den jeweils passenden Präpositionen!

Enlevez la peau noire **1.** .... soles. Émincez le persil et assaisonnez les filets **2.** .... sole avec **3.** .... sel et **4.** .... poivre.

Exercice 3 :

Complétez. Ergänzen Sie die Sätze!

1. La sole meunière se mange souvent / rarement en France.

2. Les Français la préparent avec du jus de citron / jus d'orange .

3. Vous passez les filets de sole à la poêle / dans une casserole .

4. La sole meunière se mange avec des pommes de terre / des légumes .

Exercice 4 :

Combinez. Welche der folgenden Begriffe gehören zusammen? Ordnen Sie zu!

1. ☐ la sole	a) viande
2. ☐ le poulet	b) légume
3. ☐ le poivre	c) poisson
4. ☐ le haricot	d) épice

Exercice 5 :

Supprimez l'intrus. Welches Wort ist das „schwarze Schaf"? Unterstreichen Sie!

1. cuillère fourchette couteau assiette

2. thym sel cuisson poivre

3. poêle four plat marmite

4. huître sole maquereau sardine

Exercice 6 :

Traduisez. Übersetzen Sie die folgenden Verben aus dem Französischen!

1. enlever ....

2. enfariner ....

3. assaisonner ....

4. faire cuire ....

5. émincer ....

6. faire fondre ....

Coq au vin pommes vapeur

Der Coq au vin (deutsch: Huhn in Rotweinsauce) ist ein typisches französisches Gericht. Obwohl *coq* eigentlich „Hahn“ heißt, wird meist ein Hühnchen zubereitet. Im folgenden Rezept kann man also statt einem Hahn auch ein Hühnchen verwenden: Die Vorgehensweise bleibt dieselbe. Mit „pommes vapeur“ bezeichnet man die Dampfkartoffeln, die als Beilage serviert werden können. Traditionell wird zum Coq au vin Brot gereicht.

Préparation : 60 minutes **Cuisson :** 50 minutes **Repos :** 1 nuit **Pour 4 personnes**

Ingrédients :

- 1 coq
- ½ bouteille de vin rouge de bon qualité
- 150 g de lardons
- 250 g de champignons de Paris
- 12 oignons blancs
- 2 gousses d'ail coupées très fin
- 2 carottes
- huile de tournesol
- beurre non salé
- 2 un peu de thym
- 1 feuille de laurier
- sel
- poivre

1 Le jour avant votre repas, mettez le vin rouge sur le coq coupé en huit morceaux. Ajoutez les oignons blancs, les carottes pelées et coupées en morceaux, le thym et le laurier. Couvrez et mettez au réfrigérateur.

2 Le jour de votre repas, séparez le coq et les légumes de la marinade. Gardez le vin pour plus tard.

3 Faites brunir le poulet avec de l'huile de tournesol dans une poêle. Dans la même poêle, ajoutez de l'ail aux légumes et chauffez pendant 10 minutes.

4 Mettez le coq et les légumes dans une cocotte-minute. Ajoutez-y le vin avec du sel et du poivre. Amenez à ébullition à feu moyen. Couvrez et cuisez à feux doux pendant une demie heure.

5 Faites brunir à la poêle les lardons, les oignons et les champignons de Paris pendant 10 minutes.

6 Quand le coq est prêt, ajoutez les lardons, les oignons et les champignons de Paris dans la cocotte-minute et remuez pendant 3 minutes. Ajoutez du persil. Bon appétit !

à feu doux	auf kleiner Flamme
à feu moyen	auf mittlerer Flamme
ajouter	hinzufügen
amener à ébullition	zum Kochen bringen
cocotte-minute *f*	Dampfkochtopf, Schnellkochtopf
coq *m*	Hahn
couper	schneiden
couvrir	bedecken
gousse *f* **d'ail**	Knoblauchzehe
faire *irr* **brunir**	bräunen lassen
huile *f* **de tournesol**	Sonnenblumenöl
lardon *m*	Speck-(Würfel)
laurier *m*	Lorbeer
oignon *m*	Zwiebel
peler	schälen
persil *m*	Petersilie
poêle *f*	Pfanne
pommes *f, pl* **vapeur**	Dampfkartoffeln
réfrigérateur *m*	Kühlschrank
remuer	(um)rühren
thym *m*	Thymian

Exercice 1 :

Supprimez l'intrus. Welches Wort ist das „schwarze Schaf"? Unterstreichen Sie!

1. coq vache poulet canard

2. bleu blanc rouge rosé

3. champignon persil cuillère lardon

4. le lendemain la veille ce jour-là aujourd'hui

Exercice 2 :

Démêlez les phrases. Bilden Sie sinnvolle Sätze!

1. vin coq mettez sur le rouge le en morceaux

....

....

2. séparez le et coq légumes les

....

....

3. feu et couvrez cuisez à doux deux heures une pendant à

....

....

4. trois ajoutez remuez minutes pendant et persil du

....

....

Exercice 3 :

Devinette. Finden Sie die gesuchten Begriffe und lösen Sie das Kreuzworträtsel!

Waagerecht:

1. Faire dorer à la poêle.

2. Petit morceau de viande de porc.

3. Ustensile pour cuire avec de la vapeur.

Senkrecht:

4. Substantif du verbe bouillir.

5. On les ramasse en forêt.

6. Enlever la peau.

Quiche lorraine

Die Quiche Lorraine (Lothringer Speckkuchen) ist wohl eines der bekanntesten und beliebtesten Gerichte Frankreichs. Sie kann entweder als großer Kuchen oder auch in Form von mehreren kleinen Küchlein zubereitet werden. Vor allem im Herbst und Winter ist der herzhafte Kuchen eine willkommene leckere Speise, die satt macht und wärmt. Wenn Sie möchten, können Sie beispielsweise Blattspinat oder Gorgonzola zur Füllung hinzufügen.

Préparation : 15-20 minutes **Cuisson :** 45-50 minutes **Pour 4 personnes**

Ingrédients :

- 200 g de pâte brisée
- 200 g de lardons
- 30 g de beurre
- 3 œufs
- 20 cl de crème fraîche
- 20 cl de lait
- 2 oignons
- sel
- poivre
- muscade

1 Étalez la pâte dans un moule et piquez-la à la fourchette.

2 Faites rissoler les lardons à la poêle puis mettez-les sur le fond de la pâte.

3 Ajoutez le beurre en morceaux.

4 Battez les œufs avec la crème fraîche et le lait.

5 Ajoutez les oignons finement hâchés puis assaisonnez avec le poivre et la muscade.

6 Versez le tout sur la pâte.

7 Faites cuire votre quiche 45 à 50 minutes au four à 180 degrés.

8 Vous pouvez servir avec de la salade et un bon verre de vin blanc. Bon appétit !

LE SAVIEZ-VOUS ?

L'origine du mot « quiche » est en lien avec le mot alsacien « Kueche » qui est dérivé du mot allemand « Kuchen ».

ajouter	hinzufügen	**lardon** *m*	Speck-(Würfel)
assaisonner	würzen	**moule** *m*	*hier:* Form
battre *irr*	schlagen	**œuf** *m*	Ei
beurre *m*	Butter	**oignon** *m*	Zwiebel
étaler	verteilen	**pâte** *f* **brisée**	Mürbeteig
faire *irr* **cuire**	kochen	**piquer**	einstechen
faire rissoler	bräunen	**poêle** *f*	Pfanne
fond *m*	Boden	**quiche** *f* **lorraine**	Lothringer Speckkuchen
four *m*	Backofen		
hâchér *m*	hacken	**verser**	(ein)gießen

Exercice 1 :

Vrai ou faux ? Welche Aussagen sind korrekt? Markieren Sie mit richtig ✓ oder falsch – !

1. La quiche lorraine est un plat d'origine suisse. ❑

2. La quiche lorraine se prépare avec des œufs. ❑

3. La quiche lorraine est très populaire en France. ❑

4. La quiche lorraine se mange froide. ❑

Exercice 2 :

Adjectifs. Finden Sie jeweils das passende Adjektiv!

fraîche **rissolés** **battus** **piquée**

1. pâte ....

2. lardons ....

3. crème ....

4. œufs ....

Exercice 3 :

Complétez. Ergänzen Sie die folgenden Sätze!

1. Casser des œufs et les mélanger, c'est les ....

2. Ajouter des épices, c'est ....

3. Faire cuire quelque chose jusqu'à ce que ce soit doré, c'est faire

....

4. Utiliser une fourchette pour faire de petits trous dans la pâte, c'est la

....

Exercice 4 :

Mots cachés. Finden Sie acht Zutaten im Gitternetz, die Sie für die *Quiche Lorraine* benötigen!

G	U	B	P	T	Z	Q	S	E	L
I	Q	M	A	O	V	E	R	A	B
L	A	I	T	T	I	C	O	T	Y
I	L	K	E	V	B	U	M	U	L
S	U	L	T	E	R	B	U	E	A
M	I	J	O	E	U	F	S	N	R
E	W	H	O	M	Q	X	C	E	D
P	O	I	V	R	E	F	A	I	O
L	I	T	R	O	S	O	D	P	N
E	N	B	E	U	R	R	E	N	S

1. ....

2. ....

3. ....

4. ....

5. ....

6. ....

7. ....

8. ....

Exercice 5 :

Traduisez. Wie heißen die folgenden Küchenutensilien und -geräte auf Französisch? Übersetzen Sie!

1. Topf: ....

2. Ofen: ....

3. Löffel: ....

4. Glas: ....

5. Form: ....

6. Gabel: ....

Tomates farcies

Die **Tomates** farcies (deutsch: gefüllte Tomaten) werden oft mit Reis serviert. Die Füllung muss nicht unbedingt fleischhaltig sein, man kann die Tomaten natürlich auch vegetarisch zubereiten. Hierfür eignen sich zum Beispiel Gemüse oder Soja-Hackfleisch.

Préparation : 20 minutes **Cuisson :** 30 minutes **Pour 4 personnes**

Ingrédients :

- 10 tomates
- 2 tranches de pain à toast
- 10 cl de lait
- 150 g de viande de porc ou de bœuf hachée
- 200 g de jambon cru
- 3 échalotes
- 2 gousses d'ail
- persil
- estragon
- thym
- 1 œuf
- 3 cl d'huile d'olive
- sel
- poivre

1 Coupez le haut, le « chapeau » de chaque tomate et videz-les. Retournez-les pour faire partir le jus puis salez l'intérieur.

2 Faites tremper le pain à toast dans le lait. Mélangez la viande de porc ou de bœuf hachée, le jambon cru, les échalotes et les herbes hachées, sans oublier l'ail écrasé.

3 Ajoutez ensuite le pain à toast et l'œuf. Mettez l'huile d'olive, du sel et du poivre.

4 Mettez la préparation dans les tomates.

5 Mettez les tomates au four dans un grand plat après leur avoir remis leur « chapeau ».

6 Faites cuire les tomates au four à 150 degrés pendant 30 minutes. Vos tomates farcies seront prêtes quand leur « chapeau » sera légèrement brun. Vous pouvez par exemple les servir avec du riz. Bon appétit !

Saviez-vous...

...que le mot tomate peut désigner de nombreuses choses en français : il s'agit d'un jour de l'année dans le calendrier républicain (Révolution Française), un cocktail à base de pastis (tomate), une couleur (rouge tomate). On dit aussi en français qu'on est rouge comme une tomate quand on est gêné.

ail *m*, **aulx** *m pl*	Knoblauch	**hacher**	hacken
ajouter	hinzufügen	**herbes** *f pl*	Kräuter
bœuf *m*	Rind	**huile** *f* **d'olive**	Olivenöl
brun	dunkelbraun	**jambon** *m* **cru**	Rohschinken
couper	schneiden	**mélanger**	mischen
échalote *f*	Schalotte	**œuf** *m*	Ei
écraser	zerdrücken	**persil** *m*	Petersilie
faire *irr* **cuire**	kochen	**plat** *m*	Platte; Serviertopf
faire *irr* **tremper**	eintunken lassen	**riz** *m*	Reis
farcir	füllen	**thym** *m*	Thymian
four *m*	Backofen	**tranche** *f*	Scheibe
gousse *f* **d'ail**	Knoblauchzehe		

Exercice 1 :

Les verbes. Übersetzen Sie die Verben in Klammern und konjugieren Sie sie im Präsens!

1. Je (schneiden) .... le haut des tomates.

2. Nous (mischen) .... la viande de porc avec les autres ingrédients.

3. Vous (hinzufügen) .... l'huile d'olive.

4. Ils (kochen) .... les tomates au four à 150 degrés pendant 30 minutes.

Exercice 2 :

Combinez. Welche der folgenden Begriffe gehören zusammen? Ordnen Sie zu!

1. ☐ l'ail	a) cru
2. ☐ les tomates	b) à toast
3. ☐ l'huile	c) hachées
4. ☐ le pain	d) farcies
5. ☐ les herbes	e) écrasé
6. ☐ le jambon	f) d'olive

Exercice 3 :

Démêlez les mots. Bringen Sie die Buchstaben in die richtige Reihenfolge!

1. hetranc	**4. guseso** ....
2. nipa	**5. récsare** ....
3. rlemgnaé	**6. ceétalho** ....

Les plats végétariens

Es ist zwar ohnehin selten, dass man in einem französischen Restaurant ein Fleischgericht ganz ohne Gemüsebeilage serviert bekommt, aber die Nachfrage nach rein vegetarischen Gerichten ist in den letzten Jahren deutlich gestiegen. Typische vegetarische Speisen der französischen Küche sind das *Ratatouille*, das inzwischen Tradition geworden und weit über die Landesgrenzen hinaus bekannt ist, oder die *Galette bretonne*. Mit ihren unzähligen Käsesorten bietet die französische Küche natürlich auch viel Auswahl an käsehaltigen Gerichten. Das *Fondue savoyarde* ist ein ganz besonderer Gaumenschmaus für gemütliche Winterabende mit Freunden ...

Fondue savoyarde

Das Fondue savoyarde (deutsch: Käsefondue aus der Savoye) ist die französische Variante des schweizerischen Käsefondues. Sie ist hauptsächlich seit den 50er Jahren des 20. Jahrhunderts durch den Tourismus bekannt geworden.

Préparation : 20 minutes **Cuisson :** 15 minutes **Pour 4 personnes**

Ingrédients :

- 250 g de fromage par personne (1/3 de Beaufort, 1/3 de Comté et 1/3 de gruyère)
- 2 baguettes
- 4 décilitres de vin blanc sec
- 1 ail
- ½ cuillère à café de fécule
- 1 verre à liqueur de kirsch
- poivre
- baguette

1 Rapêz le fromage.

2 Mettez dans le poêlon le fromage râpé avec le vin blanc (de l'Apremont par exemple) et un petit peu d'ail coupé très fin.

3 Faites doucement fondre le fromage dans le vin blanc. Remuez sans cesse avec une cuillère.

4 Quand le mélange est homogène, ajoutez la moitié d'une cuillère à café de fécule dans un verre à liqueur de kirsch.

5 Laissez cuire encore 3 à 5 minutes.

6 Servez sur le feu allumé.

7 Ajoutez du poivre. Votre fondue savoyarde est prête. Vous pouvez y tremper votre baguette coupée en tranches. Bon appétit !

Accompagnement

La fondue savoyarde s'accompagne généralement de vin blanc de Savoie comme l'Apremont, les Abymes ou encore le Chignin. Connaissez-vous le fondu au chocolat ? À la place des morceaux de baguette dans du fromage fondu, vous trempez des fruits dans du chocolat…

ail *m*, **aulx** *m, pl*	Knoblauch
ajouter	hinzufügen
allumer	anschalten
couper	schneiden
cuillère *f*	Löffel
faire *irr* **fondre**	schmelzen lassen
fécule *f*	Stärkemehl
fondue *f* **savoyarde**	Käsefondue
gruyère *m*	Greyerzer
kirsch *m*	Kirschwasser
laisser cuire	kochen lassen
poêlon *m*	Stieltopf
râpé	gerieben
remuer	(um)rühren
sans cesse	ständig, ohne Unterlass
tranche *f*	Scheibe
tremper	tunken

Exercice 1 :

Définitions. Finden Sie die gesuchten Begriffe!

1. La région française où se mange la fondue : ....

2. Le pays à proximité de la Savoie d'où vient la fondue : ....

3. Les habitants de la Savoie : ....

4. Ce qui a rendu la fondue célèbre : ....

Exercice 2 :

Devinette. Wer war das erste französische Staatsoberhaupt der 5. Republik Frankreichs? Finden Sie die passenden Begriffe und enträtseln Sie das Lösungswort!

1. Contraire de fortement : □ _ _ _ _ _ _ _ _

2. La région d'où vient la recette : _ _ _ _ _ □

3. On en utilise trois sortes pour la recette : _ _ _ _ _ □ _

4. Le singulier de *aulx* : □ _ _

5. Ce qu'on fait avec la cuillère : _ _ _ □ _ _

6. Le mot *cuillère* en a deux : □

7. On y met le fromage : _ _ _ □ _ _

8. Ce qu'on fait avec un four : _ _ _ _ □

Lösung: _ _   _ _ _ _ _ _

Exercice 3 :

Corrigez. Lesen Sie weiter und korrigieren Sie die zehn Fehler im folgenden Absatz!

La Savoie es une provence historique français. Elle a était rattaché à la France par la traité de Turin au 1860. La Savoie et aujourd'hui divisé en deux départements, la Savoie et la Haute-Savoie. La Savoie est une région haut turistique.

1. .... **2.** ....

3. .... **4.** ....

5. .... **6.** ....

7. .... **8.** ....

9. .... **10.** ....

Exercice 4 :

Supprimez l'intrus. Welches Wort ist das „schwarze Schaf"? Unterstreichen Sie!

1. minutes centièmes heures temps
2. ajouter cuire fondre chauffer
3. Beaufort Comté Gruyère Bourgogne
4. tranche rondelle mélange morceau
5. fromage viande vin pain
6. poêlon casserole assiette cuillère

Tarte à la tomate et à la moutarde

Die Tarte à la tomate et á la moutarde gilt als die Pizza der Franzosen und wird sowohl als Vorspeise als auch als Hauptgericht genossen. Zusammen mit einem Salat und einem Glas Wein (zum Beispiel aus den Coteaux Varois) ist diese *tarte* eine sättigende Speise für einen sommerlichen Nachmittag ...

Préparation : 10 minutes **Cuisson :** 45 minutes **Pour 4 personnes**

Ingrédients :

- 1 pâte brisée
- 4 tomates
- herbes de provence
- moutarde
- huile d'olive
- romarin
- sel

1 Étalez la pâte et piquez-la avec une fourchette.

2 Précuisez 5 minutes au four à 230 degrés.

3 Coupez les tomates en fines rondelles.

4 Sortez la pâte précuite du four et badigeonnez le fond de moutarde. On ne doit plus voir la pâte.

5 Placez les tranches de tomates sur plusieurs épaisseurs.

6 Saupoudrez d'herbes de Provence, de romarin et de sel, sans oublier d'ajouter une cuillère à soupe d'huile d'olive.

7 Mettez-la au four pendant 45 minutes. Votre tarte à la tomate est prête. Bon appétit !

Le saviez-vous ?

La tarte à la tomate est une forme de pizza à la française. Le mot « pizza » remonte au latin médiéval puis à la Renaissance florentine.

badigeonner	bepinseln	pâte *f* brisée	Mürbeteig
couper	schneiden	piquer	einstechen
épaisseur *f*	Lage	précuire *irr*	vorbacken
étaler	verteilen	romarin *m*	Rosmarin
fond *m*	Boden	rondelle *f*	Scheibe
four *m*	Backofen	saupoudrer	bestreuen
herbes *f pl*	Kräuter	tarte *f* à la tomate	Tomatentorte
huile *f* d'olive	Olivenöl	tranche *f*	Scheibe
moutarde *f*	Senf		

Exercice 1 :

Adjectifs. Finden Sie zu den Substantiven die entsprechenden Adjektivformen in der maskulinen und femininen Form!

1. épaisseur ....
2. longueur ....
3. largeur ....
4. hauteur ....

Exercice 2 :

Faire les courses. Übersetzen Sie den Einkaufszettel! Denken Sie dabei an den französischen Teilungsartikel.

1. vier Tomaten ....
2. ein Mürbeteig ....
3. Senf ....
4. eine Flasche Olivenöl ....
5. Salz ....
6. Kräuter der Provence ....
7. eine Flasche Weißwein ....

Exercice 3 :

Démêlez les mots. Bringen Sie die Buchstaben in die richtige Reihenfolge!

1. rhebse ....
2. rpcéurie ....
3. dbenaongier ....
4. omratude ....

Exercice 4 :

Supprimez l'intrus. Welches Wort ist das „schwarze Schaf"? Unterstreichen Sie!

1. pâte pizza tomates pain
2. mozarella gorgonzola bœuf camembert
3. couper cuire découper trancher
4. épaisseur chaleur largeur hauteur

Exercice 5 :

Futur simple. Wie lautet die korrekte Futurform in der dritten Person Singular?

1. cuire : il ....
2. couper : il ....
3. assaisonner : il ....
4. piquer : il ....
5. servir : il ....
6. déguster : il ....

Galette bretonne

Die Galette bretonne (deutsch: bretonischer Pfannkuchen) ist die bekannteste Spezialität der Bretagne. Sie ist die herzhafte Variante der süßen „Crêpes". Sie kann mit Béchamel-Sauce oder Champignons, aber auch mit gedünstetem Gemüse oder Käse gefüllt werden.

Préparation : 10 minutes **Cuisson :** 5 minutes **Repos :** 120 minutes
Pour 4 personnes

Ingrédients :

- 250 g de farine de sarrasin
- sel
- 2 œufs
- 50 cl d'eau froide
- 40 g de beurre fondu
- beurre salé
- 1 œuf au plat
- émmental râpé
- des légumes à votre goût

1 Mélangez la farine de sarrasin, le sel, les œufs, l'eau froide et le beurre fondu.

2 Laissez reposer la pâte pendant deux heures.

3 Faites cuire les galettes dans une crêpière. (Si vous n'avez pas de crêpière, vous pouvez également faire cuire vos crêpes dans une poêle.)

4 Faites fondre une noix de beurre dans le fond de la poêle et placez-y une galette pour la réchauffer.

5 Parsemez la crêpe de fromage râpé et des ingrédients que vous souhaitez.

6 Déposez-y un œuf au plat et laissez cuire jusqu'à ce que le fromage fonde.

7 Repliez enfin les bords de la moitié de la galette et servez-la chaude. Bon appétit !

UN PETIT PEU D'HISTOIRE

Au Moyen Âge, on parlait de Petite et de Grande Bretagne : aujourd'hui, la Grande Bretagne est anglaise, la petite française.

au plat	in der Pfanne gebraten
crêpière *f*	Pfannkuchenpfanne
beurre *m*	Butter
dé *m*	Würfel
déposer	legen
farine *f* de sarrasin	Buchweizenmehl
faire *irr* cuire	*hier:* braten
faire *irr* fondre	schmelzen lassen
fond *m*	Boden
fondre *irr*	schmelzen
galette *f* bretonne	Bretonischer Pfannkuchen
laisser cuire	*hier:* braten lassen
mélanger	mischen
noix *f*	*hier:* kleines Stück
œuf *m*	Ei
parsemer	verteilen
pâte *f*	Teig
poêle *f*	Pfanne
râpé	gerieben
réchauffer	wieder aufheizen
replier les bords	zusammenfalten

Exercice 1 :

Mots cachés. In diesem Gitternetz sind sechs Begriffe versteckt, die mit der Bretagne zu tun haben. Welche sind es?

V	B	O	S	N	A	H	C	U	G
T	R	A	D	I	T	I	O	N	A
R	E	T	O	P	E	D	P	R	L
S	T	A	J	O	L	C	I	D	E
T	A	B	K	N	O	R	E	S	T
E	G	L	O	T	M	E	R	A	T
B	N	I	R	E	H	P	S	D	E
N	E	E	F	O	P	E	E	H	T
O	I	R	C	D	U	L	A	M	N
S	P	E	C	I	A	L	I	T	E

Exercice 2 :

À la crêperie. Ergänzen Sie den folgenden Dialog.

suivre **terrasse** **table** **réservé**

« Bonjour, messieurs-dames.

– Vous avez **1.** .... ?

– Oui, une **2.** .... pour deux au nom de Dupond.

– Si vous voulez bien me **3.** .... Je vous ai choisi une table

en **4.** .... »

Exercice 3 :

Combinez. Welche der folgenden Begriffe gehören zusammen? Ordnen Sie zu!

1. ☐ parsemez	a) une noix de beurre
2. ☐ déposez	b) les dés
3. ☐ repliez	c) l'œuf
4. ☐ faites fondre	d) les bords

Exercice 4 :

Adverbes. Bilden Sie zu den Adjektiven die entsprechenden Adverbformen!

1. doux	....	4. bon	....
2. rapide	....	5. mauvais	....
3. fin	....	6. délicat	....

Exercice 5 :

Combinez. Welche der folgenden Begriffe gehören zusammen? Ordnen Sie zu!

farine	du poêle
noix	au plat
eau	de beurre
beurre	froide
œuf	fondu
le fond	de sarrasin

Gratin dauphinois

Das Gratin dauphinois (deutsch: Kartoffelgratin aus dem Dauphiné) gilt als eine der bekanntesten Spezialitäten Frankreichs und wird als Hauptgericht serviert. Der Begriff „dauphinois" kommt von dem Namen der gleichnamigen Region, dem „Dauphiné", das sich im Südwesten Frankreichs nördlich der Provence befindet.

Préparation : 30 minutes **Cuisson :** 60 minutes **Pour 4 personnes**

Ingrédients :

- 1,5 kg de pommes de terre
- 100 g de beurre
- 1 gousse d'ail
- 3 décilitres de crème
- 2 œufs
- 1 litre de lait
- sel
- poivre
- muscade
- 150 g de gruyère

Un petit peu d'histoire

C'est en 1788, un an avant la Révolution Française, que le gratin dauphinois a été cité pour la première fois dans la ville de Gap par le duc Charles-Henri de Clermont-Tonnerre, lieutenant général du Dauphiné.

1 Épluchez les pommes de terre, lavez-les et émincez-les en rondelles assez fines.

2 Faites bouillir le lait avec l'ail, le sel, le poivre et la muscade.

3 Versez les pommes de terres émincées dans le lait assaisonné bouillant. Faites cuire pendant environ 10 minutes.

4 Mettez la préparation dans un plat à gratin beurré, versez la crème sur la préparation et placez le beurre en petits morceaux.

5 Battez séparément les 2 œufs en omelette et ajoutez un demi-verre de lait.

6 Versez le tout sur les pommes de terre.

7 Ajoutez ensuite le gruyère râpé.

8 Faites cuire au four à 180 degrés pendant 45 à 60 minutes. Votre gratin dauphinois est prêt. Vous pouvez éventuellement l'accompagner d'une salade. Bon appétit !

ajouter	hinzufügen
assaisonner	würzen
battre *irr*	schlagen
bouillant	kochend
duc *m*	Herzog
émincer	in dünne Scheiben schneiden
éplucher	schälen
faire *irr* bouillir	kochen lassen
faire *irr* cuire	kochen
four *m*	Backofen
gousse *f* d'ail	Knoblauchzehe
gratin *m* dauphinois	Kartoffelgratin
gruyère *m*	Greyerzer
œuf *m*	Ei
plat *m* à gratin	Auflaufform
râpér	reiben
rondelle *f*	Scheibe
séparément	getrennt
verser	(ein)gießen

Exercice 1 :

Participe présent et gérondif. Bilden Sie das Participe présent und den Gérondif für die jeweiligen Verben.

bouillir	bouillant	en bouillant
1. cuire	....	....
2. préparer	....	....
3. manger	....	....
4. servir	....	....
5. verser	....	....
6. faire	....	....

Exercice 2 :

Vrai ou faux ? Welche Aussagen sind korrekt? Markieren Sie mit richtig ✓ oder falsch – !

1. Le gratin dauphinois doit son nom à une région française. ❑
2. C'est un plat à base de viande. ❑
3. On sait qu'il existe depuis le XXe siècle. ❑
4. Le gratin dauphinois est un plat principal. ❑

Exercice 3 :

Supprimez l'intrus. Welches Wort ist das „schwarze Schaf"? Unterstreichen Sie!

1. aubergine pomme courgette tomate
2. ajouter verser poivre enlever
3. Provence Jura Dauphiné Bourgogne
4. fromage œuf viande fruit

Exercice 4 :

Aller faire ses courses. Vervollständigen Sie den Ausschnitt aus dem Einkaufszettel!

œufs grammes décilitres gousse kilo litre

1. 1,5 .... de pommes de terre
2. 100 .... de beurre
3. 3 .... de crème
4. 1 .... de lait
5. 1 .... d'ail
6. 2 ....

Exercice 5 :

Participe passé. Bilden Sie zu den Infinitivformen die entsprechenden Formen des Participe passé!

1. mettre ....
2. faire ....
3. bouillir ....
4. cuire ....
5. servir ....
6. préparer ....

Ratatouille

Ratatouille ist ein Gemüsegericht aus der provenzalischen Küche, das nicht nur in Frankreich äußerst beliebt ist. Je nach Region wird es ganz unterschiedlich zubereitet. Typischerweise serviert man dazu Reis, wer es aber lieber mag, kann auch auf Couscous oder Nudeln ausweichen.

Préparation : 20 minutes **Cuisson :** 45–60 minutes **Pour 4 personnes**

Ingrédients :

- 3 courgettes
- 1 aubergine
- 1 poivron vert
- 1 poivron rouge
- 1 poivron jaune
- 4 tomates
- 2 oignons
- 2 gousses d'ail
- sel
- poivre
- 1 bouquet garni

1 Creusez les poivrons et coupez en deux dans le sens de la longueur. Puis coupez-les en lanières que vous couperez en petits morceaux. Mettez les poivrons dans un plat.

2 Coupez l'aubergine en petits morceaux et mettez-la dans un autre plat.

3 Enlevez la peau des courgettes et coupez-les en lanières puis les lanières en petits morceaux. Mettez-les ensuite dans un troisième plat.

4 Coupez les oignons finement et mettez-les dans une assiette avec l'ail écrasé.

5 Coupez les tomates en petits morceaux et mettez-les dans un plat.

6 Versez 4 cuillères à soupe d'huile d'olive dans une grande casserole, mettez-y les oignons et remuez jusqu'à ce qu'ils soient vitreux.

7 Ajoutez dans cet ordre les poivrons, l'aubergine, les courgettes, les tomates, le sel, le poivre et le bouquet garni en remuant 2-3 minutes entre les ingrédients.

8 Faites cuire ainsi à feu doux pendant 30 minutes. Servez avec du riz, du couscous ou des pâtes. Bon appétit !

SAVIEZ-VOUS...

...que le mot « ratatouille » existe depuis le XVIIIe siècle et qu'il vient du mot touiller. Il désigne à l'origine un plat unique réservé aux pauvres. La première recette de ratatouille est apparue dans un livre de cuisine niçoise.

à feu doux	auf leichter Flamme	faire *irr* cuire	kochen
ajouter	hinzufügen	gousse *f* d'ail	Knoblauchzehe
bouquet *m* garni	Kräuterstrauß	huile *f* d'olive	Olivenöl
casserole *f*	Topf	lanière *f*	Schnur
couper	schneiden	oignon *m*	Zwiebel
courgette *f*	Zucchini	peau *f*	Haut
creuser	aushöhlen	plat *m*	Platte
dans le sens de la longueur	der Länge nach	remuer	(um)rühren
		touiller	(um)rühren
écraser	zerdrücken	verser	(ein)gießen
enlever	entfernen	vitreux	glasig

Exercice 1 :

À la crêperie. Ergänzen Sie den folgenden Dialog.

plat principal **terrine** **dessert** **entrée**

« Messieurs-dames, vous désirez commander ?

– Oui, en **1.** ...., je vais prendre une salade niçoise.

– Pour moi, ce sera une **2.** ....

– Comme **3.** ...., nous prendrons deux menus du jour.

Et en **4.** ...., deux clafoutis. »

Exercice 2 :

Imparfait. Setzen Sie die folgenden Verben ins Imparfait.

Exemple: vous coupez	vous coupiez
1. nous remuons	nous ....
2. vous faites	vous ....
3. elles cuisent	elles ....
4. nous enlevez	nous ....

Exercice 3 :

Répondez. Kreuzen Sie jeweils die richtige Antwort an!

1. On coupe les poivrons...

a) ❑ dans le sens de la longueur.

b) ❑ dans le sens de la hauteur.

c) ❑ dans le sens de la largeur.

2. Une lanière est une...

a) ❑ part.

b) ❑ tranche.

c) ❑ morceau

Les desserts

Nach einem guten Essen wird immer eine Nachspeise angeboten: Einen Eindruck von der Vielfalt französischer Desserts bekommt man mit einem Blick in das Schaufenster einer Bäckerei oder Konditorei. Ob feine Cremes oder leckere Kuchen und Tartes, in Frankreich wird selten auf das Dessert verzichtet. Es gehört auch zur Tradition, dass man innerhalb der Familie am Wochenende eine Nachspeise zubereitet, wie zum Beispiel eine *Tarte Tatin* oder einen *Clafoutis aux Cerises*. Ein gutes Essen wird immer mit einem leckeren Dessert und einem kleinen Kaffee abgerundet.

Gaufres

Gaufres (deutsch: Waffeln) sind eine französische Süßspeise, deren Herkunft man in der Île-de-France oder dem Lyonnais vermutet. Sie werden direkt aus dem Waffeleisen noch warm serviert und ganz unterschiedlich garniert: Ob mit Marmelade, Apfelmus, Schlagsahne, Mousse au chocolat oder Zimt und Zucker – der Fantasie sind keine Grenzen gesetzt …

Préparation : 10 minutes **Cuisson :** 5-10 minutes **Pour 4 personnes**

Ingrédients :

- 300 g de farine
- ½ litre de lait
- 75 g de sucre en poudre
- sel
- 100 g de beurre
- 2 œufs
- 15 g de levure
- de l'huile

1 Laissez le beurre ramollir à température ambiante.

2 Mettez la farine dans un saladier et faites un puits.

3 Versez-y le sel, le sucre en poudre, le beurre ramolli et les œufs entiers.

4 Mélangez les ingrédients peu à peu avec le lait.

5 Ajoutez la levure et continuez de mélanger.

6 Faites préchauffer votre gaufrier avec un petit peu d'huile et versez une louche de pâte. Faites dorer environ 2 minutes de chaque côté. Votre gaufre est prête. Bon appétit !

Saviez-vous…

…que le mot gaufre vient du francique « wafla », comme le mot allemand « Waffel » ? À la fin du Moyen Âge, on parlait de « waufres » ou encore de « gauffre ». Ce n'est qu'à partir du XVIIIe siècle qu'on parlera de « gaufres », comme aujourd'hui.

ajouter	hinzufügen
entier	ganz
faire *irr* dorer	bräunen lassen
faire *irr* pré-chauffer	vorheizen
faire *irr* un puits	eine Vertiefung machen
farine *f*	Mehl
gaufre *f*	Waffel
gaufrier *m*	Waffeleisen
huile *f*	Öl
levure *f*	Hefe
louche *f*	Kelle
œuf *m*	Ei
mélanger	mischen
ramollir	aufweichen
saladier *m*	Salatschüssel
sucre *m* en poudre	Puderzucker
température *f* ambiante	Zimmertemperatur
verser	(ein)gießen

Exercice 1 :

Devinette. Finden Sie die passenden Begriffe und enträtseln Sie das Lösungswort!

1. Ce qu'on fait avec les ingrédients. _ _ _ _ _ ☐ _ _
2. Ce qu'on fait avec la levure. ☐ _ _ _ _ _ _
3. Ce qu'on met dans le gaufrier. _ ☐ _ _ _
4. Il en faut 300 grammes pour préparer les gaufres. ☐ _ _ _ _ _
5. Il est en poudre. _ _ _ ☐ _
6. Elle sert à faire lever la pâte. _ ☐ _ _ _ _

Lösung: _ _ _ _ _ _

Exercice 2 :

Au stand de gaufres. Ergänzen Sie den kurzen Dialog!

garniture   confiture   sers   sucre

« Bonjour Messieurs-Dames, qu'est-ce que je vous **1.** .... ?

– Deux gaufres, s'il vous plaît.

– C'est parti pour deux gaufres ! Quelle **2.** .... ?

– Je vais en prendre une au **3.** .... et pour mon mari, ce sera une à la **4.** .... »

Exercice 3 :

Futur simple. Konjugieren Sie die Verben im Futur simple!

Vous **1.** .... (laisser) le beurre ramollir à température ambiante. Vous **2.** .... (mettre) la farine dans un saladier et ferez un puits. Vous y **3.** .... (verser) le sel, le sucre en poudre, le beurre ramolli et les œufs entiers. Vous **4.** .... (mélanger) peu à peu avec le lait. Vous **5.** .... (ajouter) la levure et vous **6.** .... (continuer) de mélanger.

Exercice 4 :

Devinette. Übersetzen Sie die gesuchten Begriffe und lösen Sie das Kreuzworträtsel!

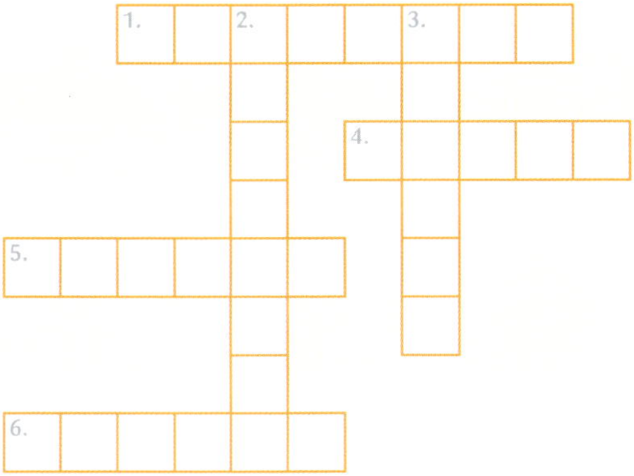

Horizontal:

1. aufweichen

4. Vertiefung

6. Hefe

Vertical:

2. mischen

3. Kelle

Galette des rois

Die Galette des Rois (deutsch: Dreikönigskuchen) wird in Frankreich am Dreikönigstag serviert. Je nach Region gibt es unterschiedliche Zubereitungsarten. Am bekanntesten ist die Variante mit Mandelcreme, die „galette parisienne". In Südfrankreich gibt es den Brauch, dem Kuchen eine Krone aufzusetzen. Im Teig wird eine kleine Figur, eine Münze oder eine Bohne, die *fève* versteckt.

Préparation : 15 minutes **Cuisson :** 40 minutes **Pour 4 personnes**

Ingrédients :

- 2 pâtes feuilletées
- 100 g de poudre d'amande
- 75 g de sucre en poudre
- 1 œuf
- 50 g de beurre mou
- quelques gouttes d'arôme d'amande
- 1 jaune d'œuf
- 1 fève

1 Placez une pâte feuilletée dans un moule à tarte et piquez-la avec une fourchette.

2 Mélangez dans un saladier la poudre d'amande, le sucre en poudre, l'œuf, le beurre mou et l'arome d'amande.

3 Placez le contenu du saladier sur la pâte feuilletée et placez-y la fêve.

4 Refermez la galette des rois avec la deuxième pâte feuilletée et collez les bords.

5 Faire des dessins au couteau sur la deuxième pâte feuilletée et faites dorer avec un jaune d'œuf dilué dans de l'eau. Puis piquez des petits trous dans le dessus.

6 Faites cuire au four à 210 degrés pendant 30 à 40 minutes. Votre galette des rois est prête. Bon appétit !

SAVIEZ-VOUS...

La galette des rois se mange en France le jour de l'Épiphanie. Pour choisir qui va prendre la première part, le plus jeune passe sous la table et dit qui a la part choisie. Celui ou celle qui trouve la fêve doit porter la couronne, comme les Rois Mages.

arome *m* d'amande	Mandelaroma
beurre *m*	Butter
coller les bords	die Ränder zusammen falten
contenu *m*	Inhalt
dessus *m*	oberer Teil
diluer	mit Wasser verdünnen
Épiphanie *f*	Dreikönigstag; Erscheinungsfest
faire *irr* cuire	kochen lassen
faire *irr* dorer	bräunen lassen
fève *f*	Bohne
four *m*	Backofen
galette *f* des rois	Dreikönigskuchen
jaune *m* d'œuf	Eigelb
mélanger	mischen
mou *m*, molle *f*	weich
moule *f* à tarte	flache Tortenform
œuf *m*	Ei
pâte *f* feuilletée	Blätterteig
piquer	einstechen
poudre *f* d'amande	Mandelpulver
Rois *m pl* Mages	Heilige Drei Könige
saladier *m*	Salatschüssel
sucre *m* en poudre	Puderzucker
trou *m*	Loch

Exercice 1 :

Demander l'addition. Ergänzen Sie den folgenden Text!

carte   addition   service   pourboire

« Excusez-moi ! Est-ce que nous pourrions avoir l' **1.** .... , s'il vous plaît ?

– Bien sûr, vous payez... ?

– Par **2.** ....

– Très bien, Monsieur, je vous apporte tout cela.

– Chéri, n'oublie pas de laisser un **3.** .... , le **4.** .... était de qualité. »

Exercice 2 :

Prépositions. Ergänzen Sie mit der richtigen Präposition!

1. le sucre .... poudre

2. la galette .... rois

3. au four .... 210 degrés

4. pendant 30 .... 40 minutes

5. un jaune .... œuf

6. la poudre .... amande

Exercice 3 :

Répondez. Kreuzen Sie jeweils die richtige Antwort an!

1. L'Épiphanie est la fête des trois rois...
   - a) ❑ mages.
   - b) ❑ sages.
   - c) ❑ rares.

2. C'est le plus ... qui passe sous la table.
   - a) ❑ vieux
   - b) ❑ jeune
   - c) ❑ sympathique

3. La pâte de la galette des rois est une pâte...
   - a) ❑ brisée.
   - b) ❑ à pizza.
   - c) ❑ feuilletée.

4. C'est dans ... que l'on appelle la galette à la pâte d'amande la « parisienne ».
   - a) ❑ le nord de la France
   - b) ❑ le sud de la France
   - c) ❑ les DOM-TOM

Exercice 4 :

Combinez. Welche der folgenden Begriffe gehören zusammen? Ordnen Sie zu!

1. ☐ amande	a) feuilletée
2. ☐ galette	b) mou
3. ☐ contenu	c) des rois
4. ☐ jaune d'œuf	d) amère
5. ☐ beurre	e) du saladier
6. ☐ pâte	f) dilué

Clafoutis aux cerises

Der Clafoutis aux cerises ist ein Kuchen aus einem Eierkuchenteig und Kirschen. Traditionell bereitet man den Clafoutis mit Kirschen zu, man kann aber auch Pflaumen, Aprikosen oder Beeren nehmen – ganz nach Belieben. Es gibt auch Varianten mit Marzipanmasse. Zur Verfeinerung des Geschmacks fügt man etwas Vanillearoma hinzu.

Préparation : 30 minutes **Cuisson :** 30 minutes **Pour 4 personnes**

Ingrédients :

- 500 g de cerises
- ¼ de litre de lait
- ½ verre à liqueur de kirsch
- ½ citron
- 180 g de farine
- 3 oeufs
- 100 g de sucre en poudre
- 60 g de beurre
- 1 pincée de sel

1 Lavez les cerises, séchez-les avec du papier absorbant, enlevez-leur la queue et le noyau. Faites fondre 30 grammes de beurre.

2 Versez la farine dans un saladier et ajoutez les œufs, le sucre en poudre et une prise de sel puis mélangez le tout en ajoutant petit à petit le lait et enfin le beurre fondu.

3 Ajoutez une goutte de kirsch et le jus d'un demi citron et continuez à mélanger.

4 Beurrez un moule à tarte, placez-y les cerises et versez-y la pâte.

5 Ajoutez un petit morceau de beurre sur le dessus.

6 Faites cuire 30 minutes au four à 220 degrés. Votre clafoutis aux cerises est prêt. Vous pouvez le servir tiède ou froid. Bon appétit !

Saviez-vous...

...que le mot « Clafoutis » vient du verbe « clafir » ce qui est synonyme de « remplir » ? Ce délicieux gâteau est originaire de la région de Limousin et s'est répandu en France au 19ième siècle. Traditionellement, on n'enlève pas les noyaux des cerises pour obtenir un arôme unique à la cuisson. Pour éviter de se faire mal aux dents, on peut bien sûr négliger cette coutûme.

ajouter	hinzufügen
beurrer	mit Butter bestreichen
cerise *f*	Kirsche
clafoutis *m* aux cerises	Eierkuchen mit Kirschen
dessus *m*	oberer Teil
enlever	entfernen
faire *irr* cuire	kochen lassen, backen
faire *irr* fondre	schmelzen lassen
farine *f*	Mehl
fondre *irr*	schmelzen
four *m*	Backofen
kirsch *m*	Kirschwasser
mélanger	mischen
moule *m* à tarte	flache Tortenform
noyau *m*	Kern
œuf *m*	Ei
papier *m* absorbant	Küchenpapier
pâte *f*	Teig
pincée *f*	Prise
queue *f*	*hier:* Stiel
saladier *m*	Salatschüssel
sécher	trocknen
sucre *m* en poudre	Puderzucker
tiède	lauwarm
verser	(ein)gießen

Exercice 1 :

Que faire de ces ingrédients ? Ergänzen Sie die Zutaten in den folgenden Sätzen!

Le beurre   La farine   Le moule à tarte   Les cerises

1. .... sont lavées et séchées.
2. .... est fondu.
3. .... est versée dans un saladier.
4. .... est beurré.

Exercice 2 :

Synonymes. Finden Sie die Synonyme zu den folgenden Verben!

1. nettoyer ....
2. mettre ....
3. mettre en plus ....
4. chauffer ....

Exercice 3 :

Supprimez l'intrus. Welches Wort ist das „schwarze Schaf"? Unterstreichen Sie!

1. cerise   pomme   courgette   abricot
2. gâteau   chocolat   biscuit   pain
3. sel   sucre   poivre   farine
4. kirsch   jus de citron   bière   vin

Exercice 4 :

Complétez. Ergänzen Sie die folgenden Sätze!

1. Ni chaud ni froid, c'est ....
2. Couvrir de beurre, c'est ....
3. Un tout petit peu de sel, c'est une ....
4. Du sucre qui n'est pas en morceaux, c'est du ....

Exercice 5 :

Mots cachés. In diesem Gitternetz sind sechs Begriffe versteckt, die mit dem Clafoutis zu tun haben. Welche sind es?

A	C	L	A	F	O	U	T	I	S
B	E	U	I	F	A	M	U	C	T
I	R	O	D	I	P	A	S	U	R
K	I	R	S	C	H	D	O	M	A
U	S	A	U	I	E	V	Q	A	P
S	E	I	Q	T	T	J	U	K	I
R	S	O	U	R	A	N	E	L	D
A	P	R	N	O	Y	A	U	O	O
N	O	U	R	N	I	A	E	S	M
D	O	B	E	R	S	I	E	N	U

Tarte Tatin

Die **Tarte Tatin** ist eine französische Apfelkuchenspezialität, die lauwarm serviert wird. Dazu passen hervorragend Rotweine aus der Touraine, aus Chinon oder Bourgueil.

Préparation : 30 minutes **Cuisson :** 3 + 30 minutes **Repos:** 1 heure
Pour 4 personnes

Ingrédients :

- 1 pâte brisée
- 1 kg de pommes
- 220 g de farine
- 1 œuf
- 150 g de beurre
- 150 g de sucre en poudre
- 1 prise de sel

Saviez-vous ?

Après la légende, la tarte Tatin a été inventée au XIXe siècle par les sœurs Tatin, originaires de Lamotte-Beuvron, en Sologne. L'une d'entre elles aurait laissé tomber la tarte aux pommes qu'elle avait préparée pour ses invités et elle l'aurait ainsi cuite à l'envers, donnant naissance à la tarte Tatin.

1 Mélangez la farine, l'œuf entier, 75 grammes de beurre et ajoutez 1 prise de sel. Mélangez le tout en y ajoutant un petit peu d'eau. Faites une boule avec la pâte et passez-la dans la farine. Laissez-la reposer pendant 1 heure.

2 Épluchez les pommes dont vous enlevez les pépins et coupez-les en deux.

3 Étalez du beurre sur un moule à tarte. Mettez-y le sucre en poudre de façon régulière.

4 Placez les tranches de pomme en ronds réguliers et serrés sur le sucre en poudre et saupoudrez-les encore de sucre en poudre. Ajoutez quelques petits morceaux de beurre.

5 Étalez la pâte avec un rouleau pour obtenir une épaisseur de 4-5 millimètres et placez-la sur les pommes. On ne doit plus voir les pommes.

6 Faites chauffer à feu doux pendant 3 minutes puis mettez au four pendant 30 minutes à 200 degrés.

7 Sortez votre tarte du four et mettez-la à l'envers sur un plat pour servir. Les pommes sur le dessus doivent être caramélisées. La tarte tatin se mange encore un peu chaude. Bon appétit !

à feu *m* doux	auf leichter Flamme	farine *f*	Mehl
ajouter	hinzufügen	four *m*	Backofen
à l'envers	verkehrt rum	laisser reposer	ruhen lassen
couper	schneiden	mélanger	mischen
dessus *m*	oberer Teil	moule *m* à tarte	flache Tortenform
en rond	kreisförmig	œuf *m*	Ei
enlever	entfernen	pâte *f*	Teig
entier	ganz	plat *m*	*hier:* Serviertopf
pépin *m*	Kern	rouleau *m*	Küchenrolle
épaisseur *f*	Dicke	saupoudrer	bestreuen
éplucher	schälen	serrer	zusammendrängen
étaler	verteilen; ausrollen	sucre *m* en poudre	Puderzucker
faire *irr* chauffer	aufwärmen	tranche *f*	Scheibe

Exercice 1 :

Mots cachés. In diesem Gitternetz sind sechs Begriffe versteckt, die mit der Tarte Tatin zu tun haben. Welche sind es?

A	T	O	B	S	O	E	U	R	S
D	S	P	F	O	P	A	D	E	R
U	S	D	L	L	S	T	U	V	S
J	K	R	P	O	M	M	E	S	D
U	J	D	E	G	M	D	N	K	U
O	T	A	S	N	P	O	V	D	E
T	A	R	T	E	L	J	E	T	F
I	T	S	D	T	U	A	R	I	G
M	I	S	I	T	Y	D	S	M	A
O	N	R	A	S	E	N	T	U	L

Exercice 2 :

Répondez. Kreuzen Sie jeweils die richtige Antwort an!

1. La Tarte Tatin doit son nom...

a) ❑ au docteur Lamotte-Beuvron.

b) ❑ aux sœurs Tatin.

c) ❑ à un moine de Sologne.

2. Elle se prépare avec...

a) ❑ des pommes.

b) ❑ des cerises.

c) ❑ des amandes.

3. La tarte se mange...

a) ❑ froide.

b) ❑ chaude.

c) ❑ tiède.

4. La Tarte Tatin est...

a) ❑ tombée par terre.

b) ❑ jetée par terre.

c) ❑ donnée gratuitement aux pauvres.

Annexe

Solutions

Soupe à l'oignon

Exercice 1 : 1. Les oignons **2.** Le beurre **3.** La soupe **4.** Le poivre **5.** Le four **6.** Le fromage
Exercice 2 : 1. épluchez **2.** ajoutons **3.** sert **4.** poivrent
Exercice 3 : 1. couper **2.** ajouter **3.** flamme **4.** cuisson
Exercice 4 : 1. souvent **2.** vin blanc **3.** à la poêle **4.** du pain **5.** dans une casserole
Exercice 5 : 1. d **2.** c **3.** b **4.** a **5.** f **6.** e
Exercice 6 : 1. tomate **2.** pomme de terre **3.** champignon **4.** aubergine

Bouchées à la reine

Exercice 1 : 1. richtig **2.** richtig **3.** richtig **4.** falsch (On dit qu'elles datent du XVIIIe siècle.)
Exercice 2 : 1. obtiendrez **2.** mettrons **3.** déposeront **4.** ferez
Exercice 3 : 1. Une bouteille de vin blanc **2.** 50 grammes de gruyère **3.** Six bouchées prêtes à garnir **4.** Une boîte de thon
Exercice 4 : 1. Ajoutez la muscade hors du feu. **2.** Versez maintenant la préparation dans les bouchées. **3.** Faites chauffer à feu doux. **4.** Enlevez le chapeau des bouchées. **5.** On peut acheter des bouchées prêtes à garnir. **6.** C'est l'entrée parfaite pour un bon dîner français.
Exercice 5 : 1. c **2.** d **3.** b **4.** a **5.** f **6.** e

Salade niçoise

Exercice 1 : 1. falsch (Il n'y a pas d'alcool dans la salade niçoise.) **2.** richtig **3.** falsch (On peut varier les ingrédients.) **4.** richtig
Exercice 2 : Boissons alcoolisées : rhum, pastis, bière, vin rouge, calvados, amaretto;
Boissons non alcoolisées : jus d'orange, soda, jus de pomme, cidre, tisane, limonade
Exercice 3 : 1. de **2.** à **3.** de **4.** avec
Exercice 4 : 1. c **2.** b **3.** b **4.** a
Exercice 5 : 1. passer sous l'eau **2.** mettre **3.** oublier **4.** mélanger

Salade au chèvre chaud

Exercice 1 : 1. lardon **2.** olive **3.** poivron **4.** chèvre
Exercice 2 : 1. falsch (C'est un fromage de chèvre.) **2.** richtig **3.** richtig **4.** falsch (La chèvre n'est pas une vache.)
Exercice 3 : 1. mettiez **2.** versiez **3.** ajoutiez **4.** saupoudriez **5.** coupiez **6.** serviez

Bœuf bourguignon

Exercice 1 : 1. a **2.** a **3.** b **4.** b
Exercice 2 : 1. bourguignon **2.** bœuf **3.** spécialité **4.** revenir

Exercice 3 :

M	E	T	T	R	E	A	T	K	A
I	F	C	A	R	O	T	T	E	S
J	A	F	S	E	C	M	P	M	T
O	E	A	D	L	O	O	U	I	S
T	Q	S	F	L	C	M	I	N	A
E	S	U	L	A	O	O	D	C	E
R	C	I	K	H	T	H	E	E	L
D	E	U	O	A	T	D	F	R	O
S	S	M	O	U	E	F	R	E	D
P	N	U	P	E	R	R	A	I	L

Exercice 4 : **1.** mijoter **2.** chaud **3.** vin **4.** gras **5.** viande **6.** arachide
Lösung: manger

Couscous

Exercice 1 : **1.** Les poivrons **2.** La viande **3.** Les morceaux **4.** La semoule
Exercice 2 : **1.** couvrez **2.** faisons bouillir **3.** laisse imprégner **4.** préparent
Exercice 3 : **1.** typique **2.** ajoutant **3.** la vapeur **4.** salé
Exercice 4 : **1.** Faire rôtir la viande. **2.** Couper les légumes. **3.** Préparer la semoule. **4.** Mettre la semoule dans le panier. **5.** Vider les pois chiches dans le couscoussier. **6.** Servir. **7.** Mettre les restes au réfrigérateur.
Exercice 5 : **1.** d **2.** a **3.** b **4.** c **5.** f **6.** e

Rôti de porc

Exercice 1 : **1.** assaisonnent **2.** déglacez **3.** enlèves **4.** ajoutons
Exercice 2 :

B	R	O	A	I	L	N	L	Q	Y
P	D	V	O	E	A	U	I	N	C
C	R	H	A	R	I	C	O	T	S
R	E	B	N	I	T	U	V	S	E
E	U	W	N	E	R	P	Q	E	L
M	I	Q	T	I	U	V	B	R	U
E	C	I	H	M	R	M	V	I	N
N	A	L	Y	P	I	C	F	L	N
I	L	M	M	U	S	C	A	D	E
E	S	B	E	R	U	W	P	N	I

Exercice 3 : **1.** minute **2.** crème **3.** oignon **4.** porc
Exercice 4 : **1.** impossible **2.** immangeable **3.** infaisable **4.** irréalisable

Exercice **5** :

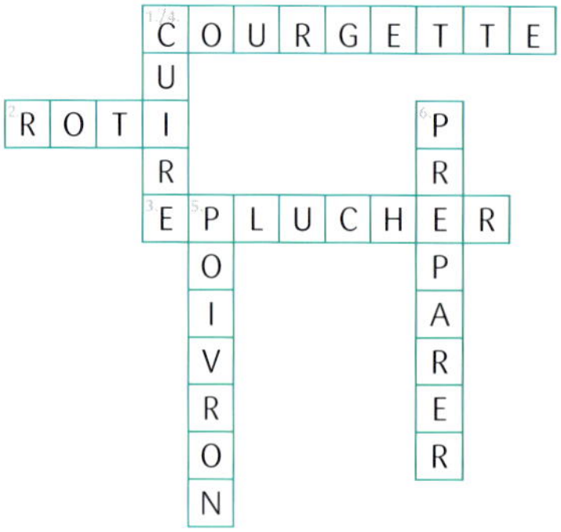

Sole meunière

Exercice 1 : 1. enleviez **2.** assaisonnes **3.** fassent fondre **4.** servions
Exercice 2 : 1. des **2.** de **3.** du **4.** du
Exercice 3 : 1. souvent **2.** jus de citron **3.** à la poêle **4.** des pommes de terre
Exercice 4 : 1. c **2.** a **3.** d **4.** b
Exercice 5 : 1. assiette **2.** cuisson **3.** four **4.** huître
Exercice 6 : 1. entfernen **2.** mit Mehl bestreuen **3.** würzen **4.** kochen **5.** in dünne Scheiben schneiden **6.** schmelzen lassen

Coq au vin pommes vapeur

Exercice 1 : 1. vache **2.** bleu **3.** cuillère **4.** aujourd'hui
Exercice 2 : 1. Mettez le vin rouge sur le coq en morceaux. **2.** Séparez le coq et les légumes. **3.** Couvrez et cuisez à feu doux pendant une à deux heures. **4.** Remuez pendant trois minutes et ajoutez du persil.
Exercice 3 :

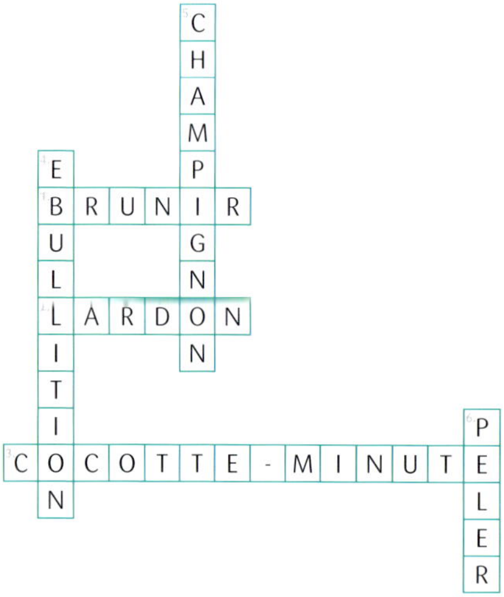

Quiche lorraine

Exercice 1 : 1. falsch (Elle vient de Lorraine) **2.** richtig **3.** richtig **4.** falsch (La quiche lorraine se mange chaude.)

Exercice 2 : 1. piquée **2.** rissolés **3.** fraîche **4.** battus

Exercice 3 : 1. battre **2.** assaisonner **3.** rissoler **4.** piquer

Exercice 4 :

G	U	B	P	T	Z	Q	S	E	L
I	Q	M	A	O	V	E	R	A	B
L	A	I	T	T	I	C	O	T	Y
I	L	K	E	V	B	U	M	U	L
S	U	L	T	E	R	B	U	E	A
M	I	J	O	E	U	F	S	N	R
E	W	H	O	M	Q	X	C	E	D
P	O	I	V	R	E	F	A	I	O
L	I	T	R	O	S	O	D	P	N
E	N	B	E	U	R	R	E	N	S

Exercice 5 : 1. casserole **2.** four **3.** cuillère **4.** verre **5.** moule **6.** fourchette

Tomates farcies

Exercice 1 : 1. coupe **2.** mélangeons **3.** ajoutez **4.** font cuire

Exercice 2 : 1. e **2.** d **3.** f **4.** b **5.** c **6.** a

Exercice 3 : 1. tranche **2.** pain **3.** mélanger **4.** gousse **5.** écraser **6.** échalote

Fondue savoyarde

Exercice 1 : 1. la Savoie **2.** la Suisse **3.** les Savoyards **4.** le tourisme

Exercice 2 : 1. doucement **2.** Savoie **3.** fromage **4.** ail **5.** remuer **6.** l **7.** poêlon **8.** cuire
Lösung: De Gaulle

Exercice 3 : 1. es (est) **2.** provence (province) **3.** français (française) **4.** était (été) **5.** rattaché (rattachée) **6.** la (le) **7.** au (en) **8.** divisé (divisée) **9.** haut (hautement) **10.** turistique (touristique)

Exercice 4 : 1. temps **2.** ajouter **3.** Bourgogne **4.** mélange **5.** vin **6.** cuillère

Tarte à la tomate et à la moutarde

Exercice 1 : 1. épais / épaisse **2.** long / longue **3.** large / large **4.** haut / haute

Exercice 2 : 1. quatre tomates **2.** une pâte brisée **3.** de la moutarde **4.** une bouteille d'huile d'olive **5.** du sel **6.** des herbes de provence **7.** une bouteille de vin blanc

Exercice 3 : 1. herbes **2.** précuire **3.** badigeonner **4.** moutarde

Exercice 4 : 1. tomates **2.** bœuf **3.** cuire **4.** chaleur

Exercice 5 : 1. cuira **2.** coupera **3.** assaisonnera **4.** piquera **5.** servira **6.** dégustera

Galette bretonne

Exercice 1 :

V	B	O	S	N	A	H	C	U	C
T	R	A	D	I	T	I	O	N	A
R	E	T	O	P	E	D	P	R	L
S	T	A	J	O	L	C	I	D	E
T	A	B	K	N	O	R	E	S	T
E	G	L	O	T	M	E	R	A	T
B	N	I	R	E	H	P	S	D	E
N	E	E	F	O	P	E	E	H	T
O	I	R	C	D	U	L	A	M	N
S	P	E	C	I	A	L	I	T	E

Exercice 2 : **1.** réservé **2.** table **3.** suivre **4.** terrasse
Exercice 3 : **1.** b **2.** c **3.** d **4.** a
Exercice 4 : **1.** doucement **2.** rapidement **3.** finement **4.** bien **5.** mal **6.** délicatement
Exercice 5 : **1.** farine de sarrasin **2.** noix de beurre **3.** eau froide **4.** beurre fondu **5.** œuf au plat **6.** le fond de la poêle

Gratin dauphinois

Exercice 1 : **1.** cuisant / en cuisant **2.** préparant / en préparant **3.** mangeant / en mangeant **4.** servant / en servant **5.** versant / en versant **6.** faisant / en faisant
Exercice 2 : **1.** richtig **2.** falsch (C'est un plat à base des pommes de terre.) **3.** falsch (Il existe depuis le XVIIIe siècle.) **4.** richtig
Exercice 3 : **1.** pomme **2.** poivre **3.** Jura **4.** fruit
Exercice 4 : **1.** kilo **2.** grammes **3.** décilitres **4.** litre **5.** gousse **6.** œufs
Exercice 5 : **1.** mis **2.** fait **3.** bouilli **4.** cuit **5.** servi **6.** préparé

Ratatouille

Exercice 1 : **1.** entrée **2.** terrine **3.** plat principal **4.** dessert
Exercice 2 : **1.** remuions **2.** faisiez **3.** cuisaient **4.** enlevions
Exercice 3 : **1.** a **2.** b

Gaufres

Exercice 1 : **1.** mélanger **2.** ajouter **3.** huile **4.** farine **5.** sucre **6.** levure
Lösung: gaufre
Exercice 2 : **1.** sers **2.** garniture **3.** sucre **4.** confiture
Exercice 4 : **1.** laisserez **2.** mettrez **3.** verserez **4.** mélangerez **5.** ajouterez **6.** continuerez
Exercice 5 :

		R	A	M	O	L	L	I	R	
				E			O			
				L		P	U	I	T	S
				A			C			
F	A	R	I	N	E		H			
				G			E			
				E						
L	E	V	U	R	E					

Galette des rois

Exercice 1 : 1. addition **2.** carte **3.** pourboire **4.** service
Exercice 2 : 1. en **2.** des **3.** à **4.** à **5.** d' **6.** d'
Exercice 3 : 1. a **2.** b **3.** c **4.** b
Exercice 4 : 1. d **2.** c **3.** e **4.** f **5.** b **6.** a

Clafoutis aux cerises

Exercice 1 : 1. Les cerises **2.** Le beurre **3.** La farine **4.** Le moule à tarte
Exercice 2 : 1. laver **2.** verser **3.** ajouter **4.** cuire
Exercice 3 : 1. courgette **2.** pain **3.** poivre **4.** jus de citron
Exercice 4 : 1. tiède **2.** beurrer **3.** pincée **4.** sucre en poudre
Exercice 5 :

A	C	L	A	F	O	U	T	I	S
B	E	U	I	F	A	M	U	C	T
I	R	O	D	I	P	A	S	U	R
K	I	R	S	C	H	D	O	M	A
U	S	A	U	I	E	V	Q	A	P
S	E	I	Q	T	T	J	U	K	I
R	S	O	U	R	A	N	E	L	D
A	P	R	N	O	Y	A	U	O	O
N	O	U	R	N	I	A	E	S	M
D	O	B	E	R	S	I	E	N	U

Tarte Tatin

Exercice 1 :

A	T	O	B	S	O	E	U	R	S
D	S	P	F	O	P	A	D	E	R
U	S	D	L	L	S	T	U	V	S
J	K	R	P	O	M	M	E	S	D
U	J	D	E	G	M	D	N	K	U
O	T	A	S	N	P	O	V	D	E
T	A	R	T	E	L	J	E	T	F
I	T	S	D	T	U	A	R	I	G
M	I	S	I	T	Y	D	S	M	A
O	N	R	A	S	E	N	T	U	L

Exercice 2 : 1. b **2.** a **3.** c **4.** a

Glossaire

m = maskulin
f = feminin
irr = unregelmäßig
pl = Plural

A

à feu doux	auf kleiner Flamme
à feu moyen	auf mittlerer Flamme
à l'envers	verkehrt herum
absorbant	saugfähig
ail *m*, **aulx** *m, pl*	Knoblauch
ajouter	hinzufügen
allumer	anschalten
amande *f* **amère**	Mandelsaft
amener à ébullition	zum Kochen bringen
anchois *m*	Sardelle
Appellation *f* **d'Origine Contrôlée (AOC)**	Bezeichnung für kontrollierte Herkunft
arroser	*hier:* in etwas gießen
assaisonner	würzen
au four	im Ofen
au plat	in der Pfanne gebraten

B

badigeonner	bepinseln
battre *irr*	schlagen
beurrer	mit Butter bestreichen
blanc *m* **de poireau**	Lauchschnitt
bœuf *m* **à braiser**	Rinderschmorbraten
bœuf *m*	Rind
bouchée *f*	Happen, Mundvoll; *hier:* Pastetchen
bouillir	aufkochen
bouillant	kochend
bouillon *m* **de légumes**	Gemüsebrühe
bouillon *m*	*hier:* Kochwasser
bouquet *m* **garni**	Kräuterstrauß
bourguignon	aus der Region Bourgogne
brin *m*	Halm
brun	dunkelbraun

C

câpre *f*	Kaper
casserole *f*	Topf
cerise *f*	Kirsche
chapeau *m*	*hier:* Deckel
chèvre *f*	Ziege
chèvre *m*	Ziegenkäse
clafoutis *m* **aux cerises**	Eierkuchen mit Kirschen
cocotte-minute *f*	Dampfkochtopf, Schnellkochtopf
cœur *m*	*hier:* Samen
coller les bords	die Ränder zusammenfalten
collier *m*	Nacken
contenu *m*	Inhalt
coq *m*	Hahn
courgette *f*	Zucchini
couscoussier *m*	Couscous-Topf
couvrir *irr*	decken, bedecken
crêpière *f*	Pfannkuchenpfanne
creuser	aushöhlen

cube *m* Würfel
cuisse *f* **de poulet** Hähnchenschenkel

D

dans le sens de la longueur der Länge nach
dé *m* Würfel
déglacer deglacieren
déposer legen
dessus *m* oberer Teil
diluer mit Wasser verdünnen
diminuer *m* vermindern
duc *m* Herzog

E

écaler schälen
échalote *f* Schalotte
écraser zerdrücken
écumer aufschäumen
émincer in dünne Scheiben schneiden
en rond kreisförmig
enduire bestreichen
enfariner mit Mehl bestreuen
enlever entfernen
entier ganz
épais dick
épaisseur *f* Dicke; Lage
Épiphanie *f* Dreikönigstag; Erscheinungsfest
éplucher häuten, pellen
étaler verteilen; ausrollen

F

faire *irr* **bouillir** kochen lassen
faire *irr* **brunir** anbräunen
faire *irr* **chauffer** erhitzen
faire *irr* **colorer** *hier:* kräftig anbraten
faire *irr* **cuire** kochen, kochen lassen backen; braten
faire *irr* **dorer** bräunen lassen
faire *irr* **fondre** schmelzen lassen
faire *irr* **préchauffer** vorheizen
faire *irr* **revenir** anbraten
faire *irr* **rôtir** braten
faire *irr* **tremper** eintunken lassen
faire *irr* **un puits** eine Vertiefung machen
faire *v irr* **cuire** kochen
farcir füllen
farine *f* Mehl
farine *f* **de sarrasin** Buchweizenmehl
fécule *f* Stärkemehl
fêve *f* Bohne
fond *m* Boden
fondant schmelzend
fondre *irr* schmelzen
fondue *f* **savoyarde** Käsefondue
four *m* Backofen
frotter einreiben

G

galette *f* **bretonne** Bretonischer Pfannkuchen
galette *f* **des rois** Dreikönigskuchen
gaufre *f* Waffel
gaufrier *m* Waffeleisen
gigot *m* **d'agneau** Lammkeule
gousse *f* **d'ail** Knoblauchzehe
grain *m* Korn
gras *m* Fett
gratin *m* **dauphinois** Kartoffelgratin
gruyère *m* Greyerzer

H

hacher hacken
haricot *m* **vert** grüne Bohne
herbes *f, pl* Kräuter
hors du feu weg von der Flamme
huile *f* Öl

huile *f* **d'arachide** Erdnussöl
huile *f* **d'olive** Olivenöl
huile *f* **de tournesol** Sonnenblumenöl

I

imprégner durchdringen, durchziehen

J

jambon *m* **blanc** Kochschinken
jambon *m* **cru** Rohschinken
jaune m **d'œuf** Eigelb
jus *m* **de citron** Zitronensaft

K

kirsch *m* Kirschwasser

L

labellisé mit einem Label versehen
laisser cuire kochen lassen; braten lassen
laisser réduire einkochen lassen
laisser reposer ruhen lassen
lamelle *f* Streifen
lanière *f* Schnur
lardon *m* Speck-(Würfel)
largeur *f* Breite
laurier *m* Lorbeer
levure *f* Hefe
louche *f* Kelle

M

matière *f* **grasse** Backfett
mélanger mischen
met *m* *hier:* Gericht
mijoter köcheln
mou *m*, **molle** *f* weich
moule *f* **à tarte** flache Tortenform
moule *m* *hier:* Form
moutarde *f* Senf

N

noix *f* *hier:* kleines Stück
noyau *m* Kern

O

œuf *m* Ei
œuf *m* **dur** hartgekochtes Ei

P

panier *m* Garaufsatz
papier *m* **absorbant** Küchenpapier
papier *m* **cuisson** Backpapier
parsemer verteilen
passer sous l'eau mit kaltem Wasser abschrecken
pâte *f* **brisée** Mürbeteig
pâte *f* **feuilletée** Blätterteig
pâte *f* Teig
peau *f* Haut
peler schälen
pépin *m* Kern
persil *m* Petersilie
pincée *f* Prise
piquer einstechen
plaque *f* Backblech
plat *m* Gericht; Platte; Serviertopf
plat *m* **à gratin** Auflaufform
poêle *f* Pfanne
poêlon *m* Stieltopf
pois *m* **chiche** Kichererbse
poitrine *f* **fumée** geräucherte Rinderbrust
poivron *m* Paprika
pommes *f pl* **vapeur** Dampfkartoffeln
porc *m* Schwein
poudre *f* **d'amande** Mandelpulver
précuire *irr* vorbacken
préoccupation *f* Sorge

Q

queue *f* — *hier:* Stiel
quiche *f* **lorraine** — Lothringer Speckkuchen

R

ramollir — aufweichen
râpé — gerieben
réchauffer — wieder erhitzen
recouvrir — bedecken
réfrigérateur *m* — Kühlschrank
remuer — (um)rühren
replier les bords — zusammenfalten
rissoler — bräunen
riz *m* — Reis
Rois *m pl* **Mages** — Heilige Drei Könige
rondelle *f* — Scheibe
rôti *m* **de porc** — Schweinebraten
rouleau *m* — Küchenrolle

S

salade *f* **niçoise** — Nizza-Salat
saladier *m* — Salatschüssel
sans cesse — ständig
saupoudrer — bestreuen
sécher — trocknen
semoule *f* **de blé** — Weizengrieß
séparément — getrennt
serrer — zusammendrängen
sole *f* — Seezunge
sucre *m* **en poudre** — Puderzucker

T

tamiser — absieben
tarte *f* **à la tomate** — Tomatentorte
température *f* **ambiante** — Zimmertemperatur
thon *m* — Thunfisch
thym *m* — Thymian
tiède — lauwarm
touiller *ugs* — (um)rühren
tranche *f* — Scheibe
tremper — tunken
trou *m* — Loch

V

vapeur *f* — Dampf
verser — (ein)gießen
vinaigre *m* **de vin** — Weinessig
vitreux — glasig

Bildnachweis

fotolia: Artenauta (Kochlöffel); kab-vision 5 (unten), 6; Sébastien Delaunay 5 (Mitte), 18; colorlife 9; M.studio 10, 50; Marco Mayer 21 (oben), 34; FOOD-images 26, 49 (oben, Mitte), 54, 62; HLPhoto 38, 49 (unten), 66; TwilightArtPictures 69 (oben), 70; Sébastien Garcia 74; Claude Calcagno 69 (unten), 78; etienn280 69 (Mitte), 82
istock: maceofoto 5 (oben), 14; robynmac 21 (unten), 42; LauriPatterson 30; IgorDutina 46; margouillatphotos 58
shutterstock: HLPhoto 21 (Mitte), 22

SILVER compact LINE

Mit Sprachen glänzen – SilverLine

Für Schule und Beruf

180 Titel
22 Reihen

SilverLine Sofort sprechen

SilverLine Lernbox

SilverLine Fit for Business English

SilverLine Kochbuch zum Sprachenlernen

SilverLine Sprachkurs

SilverLine Die 2000 wichtigsten Wörter

SilverLine Audio perfekt

SilverLine … leicht gemacht!

SilverLine Chinesisch für Einsteiger

SilverLine Schnell-Lern-Kurs

SilverLine Kurzgrammatik

SilverLine Bildwörterbuch

SilverLine Universal Großwörterbuch

SilverLine Großwörterbuch

SilverLine Großes Wörterbuch

SilverLine Blitztraining

SilverLine Sprachführer für die Reise

SilverLine PVC

SilverLine Update

SilverLine 111 Sprachrätsel

SilverLine Taschenbuch

SilverLine Pocket

compact

Compact Verlag GmbH
Baierbrunner Str. 27 · 81379 München · Tel. 089/7451 61-0 · Fax 089/75 60 95
www.compactverlag.de · www.lernkrimi.de